作者单位：西南财经大学
本书受中央高校基本科研业务费专项资金资助（Supported by the
Fundamental Research Funds for the Central Universities）
项目批准号：JBK1803008

# 我国二氧化碳捕捉、利用与封存（CCUS）
# 早期发展的公共财政政策研究

张华静 ○ 著

西南财经大学出版社
Southwestern University of Finance & Economics Press
中国·成都

**图书在版编目(CIP)数据**

我国二氧化碳捕捉、利用与封存(CCUS)早期发展的公共财政政策研究/张华
静著.—成都:西南财经大学出版社,2018.11
ISBN 978-7-5504-3819-4

Ⅰ.①我…  Ⅱ.①张…  Ⅲ.①二氧化碳—收集—公共财政—财政政策—研
究—中国②二氧化碳—废物综合利用—公共财政—财政政策—研究—中国
Ⅳ.①F812.0②X701.7

中国版本图书馆 CIP 数据核字(2018)第 258392 号

我国二氧化碳捕捉、利用与封存(CCUS)早期发展的公共财政政策研究
张华静  著

策划编辑:高玲
责任编辑:廖韧
封面设计:何东琳设计工作室
责任印制:朱曼丽

| 出版发行 | 西南财经大学出版社(四川省成都市光华村街55号) |
|---|---|
| 网　　址 | http://www.bookcj.com |
| 电子邮件 | bookcj@foxmail.com |
| 邮政编码 | 610074 |
| 电　　话 | 028-87352211　87352368 |
| 照　　排 | 四川胜翔数码印务设计有限公司 |
| 印　　刷 | 郫县犀浦印刷厂 |
| 成品尺寸 | 170mm×240mm |
| 印　　张 | 9.5 |
| 字　　数 | 177 千字 |
| 版　　次 | 2018 年 11 月第 1 版 |
| 印　　次 | 2018 年 11 月第 1 次印刷 |
| 书　　号 | ISBN 978-7-5504-3819-4 |
| 定　　价 | 68.00 元 |

# 摘　要

　　工业革命后，人类活动排放了大量的温室气体，使得大气层这一全球公共产品被过度使用，导致全球气候变暖，冰川融化、海平面上升、高温伏旱、强暴雨、沙尘暴等问题频发，出现了"公地的悲剧"现象，对人类生存和社会、经济、环境的可持续发展造成了严重威胁。防止全球变暖造成灾难性后果，有效应对全球气候变化，控制温室气体排放，解决经济与环境变化之间的突出矛盾，促进经济、社会、环境可持续发展，成为多国政府的首要议题和社会各界广泛关注的焦点。

　　二氧化碳捕捉、利用与封存（Carbon Capture，Utilization and Storage，简称CCUS）是一项新兴的、可实现化石能源大规模低碳利用的技术，是2005年政府间气候变化专门委员会（IPCC）特别推荐的大幅减排的模式——二氧化碳捕捉与封存技术（Carbon Capture and Storage，简称CCS）具体应用的新的发展趋势。CCUS技术因其对大规模减排的贡献，在2011年9月19日—23日于北京举行的碳封存领导人论坛（CSLF）第四届部长级会议上得到了与会者的肯定，并被作为应对气候变化的重要技术路径之一。该技术可以与能效技术、新能源技术、可再生能源技术等共同形成稳妥、经济的技术组合，有效地实现保障发展和应对气候变化的双重目标，是未来减缓温室气体排放和保障能源安全的重要战略技术选择，对实现大规模减排意义重大。

　　当前，包括国际能源署（IEA）、国际能源论坛秘书处（IEF）、石油输出国组织（OPEC）等在内的全球主要能源机构和主要碳减排倡导国家已经将碳捕捉与封存技术作为未来的主要减排技术。挪威、美国、加拿大、澳大利亚等国都将碳捕捉与封存技术作为本国未来战略的重要组成部分，并制定了相应的发展规划。而我国作为全球最大的煤炭生产国、消费国和最大的二氧化碳排放国之一，国内大规模发展CCUS的呼声也越来越高，目前CCUS技术作为前沿技术已被纳入国家中长期科技发展规划。

　　CCUS在我国处于早期发展阶段。在我国CCUS出现的时间短、技术不够成熟、技术成本高昂、未来资金缺口较大，特别是发展CCUS需要巨额资金的支持，但该项目资金投入不足的问题为其推广带来挑战。为缓解CCUS技术发展的资金瓶颈，保障CCUS项目快速发展和大规模推广，建立一个促进CCUS项目早期发展的公共财政政策体系就显得十分重要。在此背景下，随着CCUS技术成为全球减排力量的生力军，国内外对CCUS的研究越来越重视，关于支持CCUS技术继续推广的公共财政问题研究成为新的研究课题。

迄今为止，国内外关于CCUS领域的研究主要集中在应用前景、经济性、法律和政策方面，对如何解决CCUS项目资金问题以及CCUS的公共政策方面的研究甚少，仅极少数文献提到政府应出台经济措施促进CCUS的发展。由于资金是影响CCUS发展的最关键因素，本书试图以此为突破口，采用理论研究与实证研究相结合、定性分析与定量分析相结合、多学科理论相结合的方法，针对现阶段我国公共财政支持CCUS发展中出现的问题，借鉴国外发展CCUS的公共财政政策经验，在CCUS经济价值量估算的导向下，科学地设计促进CCUS发展的公共财政政策，为CCUS发展解决资金上的后顾之忧，也为我国制定促进CCUS发展的公共财政政策提供理论依据。

本书运用宏观经济学理论和公共经济学理论在CCUS领域展开应用性研究，共分为8章。

第1章主要介绍选题背景、研究目的及意义、国内外研究现状、本书的研究思路与框架、研究内容和研究方法及可能的创新点。

第2章对公共产品理论、外部性理论、公共财政理论、投资乘数理论和税收原则理论等相关理论进行了介绍，同时对CCUS被纳入公共财政体系研究的原因进行了理论和现实必要性分析，是本书的理论基础。

第3章介绍我国CCUS技术流程、技术发展与项目进展的状况，描述我国公共财政支持CCUS发展的现状，进而剖析我国公共财政在支持CCUS发展中存在的问题。

第4章介绍国外具有代表性的国家在CCUS公共财政政策上的实践，分析国外CCUS项目公共财政政策的特点和其政策在我国应用的适用性和特殊性，并进一步总结国外经验对我国的启示，为我国的CCUS公共财政政策的制定提供经验依据。

第5章首先论述CCUS价值估算的重要性，然后分析CCUS项目的价值链构成和资金流运行模式，构建CCUS项目的价值估算模型，最后列举案例对CCUS项目价值估算模型的构建以及价值的计算等具体运用进行实例分析。

第6章首先从CCUS公共财政政策目标、原则和重点定位的角度阐明促进我国CCUS发展的公共财政政策设计思路，指明我国CCUS公共财政政策的制定可按照支出政策和收入政策两条路径进行；然后从政策内涵、政策工具和具体政策三个方面分别对我国CCUS的公共财政支出政策和收入政策进行重点设计。

第7章在CCUS公共财政政策支持体系目标、框架的基本构想指导下，根据CCUS公共财政政策的设计内容，对CCUS公共财政政策支持体系的形成提出政策建议。

第8章归纳总结本书的研究结论，指出本研究的不足及未来的研究方向。

基于上述研究内容，本书得到的几个重要结论和启示是：

（1）CCUS具有特殊的属性。一是它具有准公共产品的特征，二是CCUS具有外部性。

（2）CCUS具有的属性使得市场机制在该领域失效，需要公共财政介入并发挥保障作用。CCUS在发展中因为本身具有准公共产品属性和外部性，使得市场机制在CCUS领域容易失灵。这就需要政府承担责任，运用公共权力建立一个能有效克服市场失灵的公共财政机制，在资金投入和政策支持方面提供保障，推动CCUS的发展。

（3）解决我国公共财政支持CCUS发展中存在的问题可以从国外一些国家的先进经验中得到启示。CCUS在我国的发展时间较为短暂，公共财政在支持该技术的发展中存在投入不足、投资主体单一、投资渠道不稳定、税收政策缺乏、法律法规不完善、监督机制不健全等问题，这使得CCUS的发展缺乏稳定的资金来源、资金保障度低、投资信心不足，影响了CCUS技术的发展，严重阻碍我国CCUS技术的提高。国外一些国家和组织如美国、挪威、澳大利亚、加拿大、欧盟等高度重视该项技术，并制定了系列的公共财政政策和措施来支持这项技术的发展。这些政策目标明确，法规健全，在公共资金投入、政府补贴、科研资助、税收优惠、征收碳税等政策工具的选择方面灵活，对我国CCUS公共财政政策的制定有较大的启示作用。

（4）CCUS价值计算量化了该技术的经济价值，是给予其资金支持的必要技术手段，也是我国CCUS公共财政制度与政策建立的前提和重要基础工作，意义重大。CCUS价值估算模型的建立可以为项目经费的投入金额、投入方式、税收制度以及其他配套政策和扶持措施的制定提供科学的决策依据。

（5）我国CCUS公共财政政策被定位为公共财政支出政策和公共财政收入政策。在目前CCUS对资金需求巨大的情况下，以政府为主导的长效投入机制不仅是CCUS自身持续发展的需要，也是市场作用机制在CCUS发展中的必然取向。根据我国CCUS公共财政支持现状存在的问题，可通过加大中央预算投入的力度、设计合理的公共财政补贴方式、加强政府直接投资水平的政策措施以保证项目资金的稳定增长和资金的合理使用。此外，从促进 CCUS 持续发展的角度出发，根据 CCUS 的产业特征，需要建立适应 CCUS 发展目标和规划要求的 CCUS 公共财政收入政策以保证公共财政对 CCUS 支出扶持的需要。为此，要落实税收优惠政策、整合现有税种激发企业的积极性，为 CCUS 提供多样化资金来源，同时还要适应国际潮流，适时开征碳税，对碳排放的企业适时适度征收碳税，以补偿 CCUS 的公共财政支出，最终建立起能激励 CCUS 产业发展的公共财政资金支持渠道与激励机制。

（6）一个健康、有序、高效的公共财政政策支持体系是 CCUS 公共财政政策顺利实施的关键。我国 CCUS 公共财政政策支持体系是以 CCUS 价值评价为基础，以公共财政支出政策和收入政策为核心，以金融支持政策、法律法规建设、国际交流与合作制度建设、公众意识培育为辅助而构成的一个相互影响、相互作用、相辅相成的政策支持系统。这需要通过加大政府的扶持力度、建立多元化的金融支持体系、建立系统的推动技术和产业发展的法律框架、加强国际间的交流与合作、建立有效的公众参与机制以促成 CCUS 公共财政政策体系的形成，为 CCUS 的发展提供资金支持、法律支撑、国际视野和思想保障。

本书取得的进步是：

（1）建立了 CCUS 价值估算模型。本书根据二氧化碳的处理过程，在分析 CCUS 系统的价值链构成模式和资金流运行模式的基础上，构建了 CCUS 的价值估算模型，为其投资决策和国家公共财政政策的制定提供科学依据。

（2）设计了促进我国 CCUS 早期发展的公共财政政策。本书根据我国国情和 CCUS 发展情况，借鉴国外先进经验，从政策设计的目标、原则和重点定位三个方面着手，探寻了促进我国 CCUS 发展的公共财政政策的设计思路，并从支出和收入两方面设计了 CCUS 的公共财政政策，试图解决 CCUS 项目巨大的资金缺口问题，推动 CCUS 发展。

（3）构建了促进我国 CCUS 早期发展的公共财政政策支持体系。在 CCUS 公共财政政策设计的基础上，本书探索性地建立了促进我国 CCUS 发展的公共财政政策支持体系的目标和框架，并对该体系的形成提出了对策建议，可供政府部门制定政策时参考。

**关键词**：二氧化碳；碳捕捉、利用与封存（CCUS）；公共财政支持；公共财政政策

# Abstract

Since the industrial revolution, the much greenhouse gases from human's activities have overused the atmosphere as the global public goods and caused the global warming, leading to many extreme problems of glaciers melting, sea level rising, high temperature and summer drought, torrential rains and sandstorm, which results in tragedy of the commons. It has posed a serious threat to human survival and the sustainable development of society, economy and environment. To prevent the catastrophic from global warming, the governments and social sectors focus on how to control greenhouse gas emissions and solve the contradiction between the economy and environment.

Nowadays the main global energy agencies and nations that advocate carbon emission have already taken CCS as the prime emission reduction technology, including IEA, IEF and OPE. Norway, America, EU, Canada and Australian have formulated development plans of CCS as an important part of national strategy. As the most coal producer and consumer in the world, and one of the countries with the largest carbon emission, the call for CCUS is increasingly high in China. At the present, CCUS has also been incorporate into the national medium and long term technology development plan.

However, CCUS is still in its early stage in China. CCUS must meet the challenge of popularization due to the short time of application in the domestic, the immature and high cost of technologyand the big financial deficit. It is significant to establish a system of public finance to alleviate the capital scarcity to popularize CCUS quickly and massively. In the background that CCUS becomes the new force to decrease the carbon emission, the new researches pay more and more attention to public finance policy about supporting the popularization of CCUS.

So far, the researches about CCUS have concentrated on application prospect, the economics and the legality, not the capital scarcity and public policy. In other words, only a handful of literature has mentioned that the government should introduce economic policy to promote the development of CCUS. Capital is the most critical factor which restricts the development of CCUS, so this paper takes it as breakthroughand applies a combination of theoretical and empirical, quantitative and qualitativeandmulti-disciplinary analysis methods to design the public finance policy about CCUS that not only solves the capital scarcity, but also provides a theoretical foundation for our public finance policy to popularize CCUS, based on the problems of our public finance policy in current stage, the experience from abroadand the assessment of the economic value of CCUS.

This paper that applies a combination of macro-economics and public economics is an applied research with 8 chapters.

Chapter 1 is introduction that describes the topic background, the research objective and significance, the research status at home and abroad, the research ideas, frameworks, content and methods of this paperand possible innovation.

Chapter 2 is theoretical basis about public product theory, externality theory, public finance theory, investment multiplier theory and principle of taxation briefly. And it analyses the theoretical and practical necessity of CCUS included in the public finance system.

Chapter 3 describes our CCUS technology system, technology development, the status of policy formulation, our public finance policy of supporting CCUS and its specific issues.

Chapter 4 describes the representativepracticeof public finance policy of CCUS in abroad, analyzes the characteristics of the policy and application of the applicability and particularity in china, based on the survey and summarizes the enlightment from the experience to provide us with evidences.

Chapter 5 establishes the evaluationmodel of CCUS to provide support to formulate public finance policy according to the enlightment in chapter 4. This chapter discusses the importance of CCUS evaluation, analyzes the composition of CCUS value —chainand the operation mode of its capital flow. Based on these analyses, this chapter constructs the evaluation model of CCUS. At last, this chapter shows the example analysis of the construction of CCUS evaluation model and specific application including value calculation.

Chapter 6 designs our CCUS public finance policy in view of the result of evaluation in chapter 5. This chapter explains the design thought of public finance policy which promotes the development of CCUS from the perspective of the policy objectives, principles and key positioning, and points out that we can establish CCUS public finance policy in accordance with expenditure policy and revenue policy, and then presents the important design of the expenditure policy and revenue policy about CCUS public finance policy from the policy connotation, policy instruments and specific policies.

Chapter 7 discusses some policy recommendations on the formation of CCUS public finance policy on the basis of policy objectives, policy framework and policy content.

Chapter 8 shows research conclusions and outlook, which summarizes the research conclusions of this paper and points out the shortcomings and future research directions of this study.

Based on the research content above, the important conclusions are:

(1) CCUS have particularity including the feature of quasi-public product and externality.

(2) The features of CCUS make market mechanism invalidation in its field, so there is a need for public finance policy. The governments are responsible for constructing a system of public finance which can overcome market failure effectively with public power.

(3) Solving the problems of our CCUS public finance policy can draw lessons from advanced foreign experience. Because of the short time of CCUS development in the domestic, inadequate investment, single investment subject, unstable investment channel, the lack of taxation policy, the imperfect law and regulationsand the unsound supervision system in the development of CCUS public finance policy, CCUS meets the challenges of unstable capital source, low fund guaranteeand the lack of investor confidence, which affect the stability of CCUS technology development and prevent CCUS from further enhance seriously. Some foreign countries, such as America, Norway, EU, Canada and Australian have paid high attention to this technology and have formulated a series of public finance policy to promote the development of CCUS. With clear objectives and sound law, these policies have flexibility in the choice of public

fund, government subsidies, research subsidies, tax preference policy, imposition of carbon tax and other policy instruments, which offer us a lot of enlightment to formulate CCUS public finance policy.

(4) The evaluation of CCUS quantifies its economic value that is a necessary technological mean to provide fund supportand is also the significant basic work to build our CCUS public finance policy. Establishing the evaluation model of CCUS that can afford scientific bases to make decisions about funding amount, input methods, tax system and other matched policies.

(5) Our CCUS public finance policy is positioned as public finance expenditure policy and revenue policy. In the current situation that CCUS demands much capital, the long-term investment mechanism dominated by government is not only a need for the sustainable development of CCUS, but also an inevitable orientation of market mechanism in the development of CCUS. According to the problems of our CCUS public finance policy, government takes measures to ensure the stable increase and reasonable use of capital by improving budget of the central government, designing rational ways of public finance subsidies and enhancing the level of government direct investment. Moreover, government should establish CCUS public fiscal revenue policy conformed to the objectives of CCUS development and planning to promote the sustainable development. To offer CCUS diversified capital source, the government needs to put tax preference policy into practice and integrate existing taxes to motivate enterprises. Meanwhile, the government should carry out imposition of carbon tax appropriately which follows the international trends to compensate for CCUS public finance expenditures and finally to establish the support channel of public finance fund and incentive system stimulating the industrial development of CCUS.

(6) What's important for CCUS public finance policy to be implemented successfully is a healthy orderly efficient system of public finance policy. Our CCUS public finance policy support system is based on CCUS evaluation, cored ofpublic finance expenditure policy and revenue policy, assisted with finance support policies, law and regulations, the system of international communication and cooperation and the construction of public consciousness, which is interactional and complementary. Formulating the system of CCUS public finance policy needs the improvement of government support, the construction of diversified finance system, the establishment of systemic legal framework that promotes the development of technology and CCUS industry, the

enhancement of international communication and cooperation, the construction of effective public participation. This system of public finance policy can provide the development of CCUS with needed capital support, legal support, international view and ideological guarantee.

The progresses in this paper are:

(1) Establishes the evaluation model of CCUS. According to the treating processes of carbon dioxide, this paper analyses the composition of CCUS value-chainand the operation mode of its capital flow. Based on these analyses, this chapter construct the evaluation model of CCUS, which offer scientific bases to formulate investment decision and national public finance policy.

(2) Design the public finance policy to promote the early development of CCUS. In view of our national conditions, the development situation of CCUS and the advanced foreign experience, this paper explains the design thought of public finance policy with two aspects of expenditure policy and revenue policyfrom the perspective of the policy objectives, principles and key positioning to solve the problem of the big financial deficit.

(3) Construct a support system of public finance policy to promote the early development of CCUS. Based on the design of CCUS public finance policy, this paper constructs the objectives and framework of public finance policy to promote the early development of CCUS and provides government with recommendations about the formation of the system to formulate policies.

**Keywords:** carbon dioxide; CCUS; public financial support; public finance policy

# 目　录

# 1 绪论

## 1.1 选题背景

### 1.1.1 温室效应对气候的影响

大气层是全球的公共资源，是气体污染物排出地球的通道。自工业革命后，人类活动产生的大量温室气体不断向大气中排放，使得大气层这一全球公共产品被过度使用，导致全球气候变暖，冰川融化、海平面上升、高温伏旱、强暴雨、沙尘暴等问题频发，造成系列灾难性后果，对社会、经济、环境的可持续发展产生了严重威胁，影响着人类的生存和健康。2006 年，英国气候变化经济学家、政府气候变化与发展顾问斯特恩爵士在《气候变化经济学报告》中指出，如果人类继续按照目前模式发展，那么到 21 世纪末，全球温度将升高 2~3℃，这也将造成全球 GDP 下降 5%~10%，特别是贫困国家将下降 10%以上。温室气体排放产生的益处由各个国家排他性地独占，但产生的危害却由地球上所有同代人及后代人共同承担。大量温室气体的排放已经导致气候稳定这一全球公共产品供应不足，使人类赖以生存的地球环境受到严重威胁，全球变暖，出现所谓"公地的悲剧"。

2007 年联合国政府间气候变化委员会（The Intergovernmental Panel on Climate Change，简称 IPCC）发布的第四次评估报告指出，在引起全球气候变暖的二氧化碳（$CO_2$）、甲烷（$CH_4$）、氧化亚氮（$N_2O$）、氢氟烃（HFCs）四类气体中，$CO_2$ 产生的温室效应约占 77%（如图 1-1 所示）。报告的预测结果表明，相对于 1980—1999 年的平均水平，未来 100 年二氧化碳排放量的增加会导致全球地表温度升高 1.8~6.4℃，海平面将平均上升 0.18~0.59 米。如果气温上升 1.5℃，全球 20%~30% 以上的物种会面临灭绝；如果气温上升 3.5℃，全球 40%~70% 以上的物种会面临灭绝。可见，控制和减少 $CO_2$ 排放是控制全球升温和减缓生态环境恶化的关键。2013 年，IPCC 第五次评估第一工作组在

《气候变化2013：自然科学基础》报告中从全球平均地表温度、海洋表面气温、对流层以上高空温度、海平面变化、冰川面积变化等多种观测数据证明了全球气候系统暖化的必然趋势，指出20世纪中期以来全球气候变暖的原因，人类活动占比超过95%。报告指出大气中二氧化碳（$CO_2$）、甲烷（$CH_4$）、一氧化碳（CO）等温室气体浓度已经上升到过去80万年来的最高水平，尤其是二氧化碳浓度比前工业时代（1850—1900）增加了40%。如果不采取积极有效的温室气体排放政策，那么到21世纪末全球的气温会在前工业时代基础上至少增加1.5℃。2014年，IPCC发布第五次评估报告——《综合报告》，明确指出人类对气候系统变化的影响，如果不采取措施，全球气候变化将给人类和生态系统造成严重、普遍和不可逆转的影响。2017年4月，中国科技部、环境保护部、气象局印发《"十三五"应对气候变化科技创新专项规划》，指出"1880至2012年，全球地表温度上升了0.85℃，预计到21世纪末全球地表温度可能再上升0.3~4.8℃"。《规划》引用了IPCC第五次气候变化评估报告的预测观点，认为"如果未来气温与工业化前相比升高2℃，由此产生的海平面抬升、旱涝灾害、生态功能退化、食品（饮水）安全、疾病流行等问题，将造成全球经济年均损失0.2%~2.0%，还有可能导致族群矛盾、社会动荡，甚至威胁到人类自身生存。"[①]

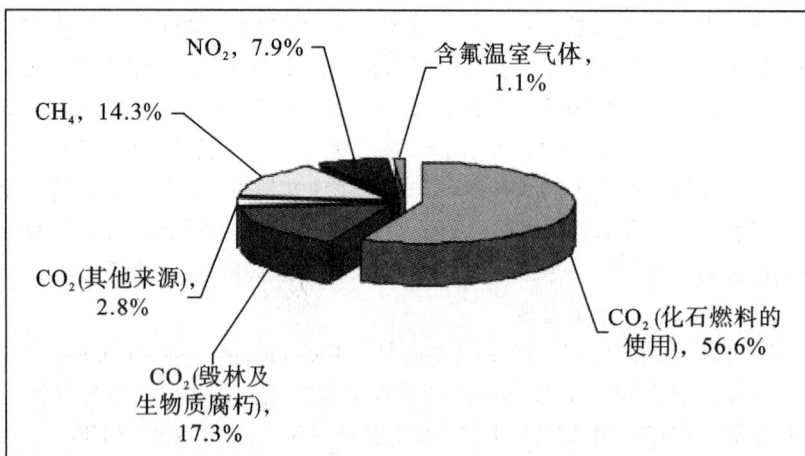

图1-1　2004年人类温室气体排放比例图

（数据来源：IPCC，2007）

--------

[①] 科技部，环境保护部，气象局. "十三五"应对气候变化科技创新专项规划 [EB/OL]. [2017-04-27]. http://www.most.gov.cn/mostinfo/xinxifenlei/fgzc/gfxwj/gfxwj2017/201705/t20170517_132850.htm.

国际能源署（International Energy Agency，简称 IEA）在《能源技术展望2008》（*Energy Technology Perspectives* 2008）中指出，由于化石燃料的使用量不断增长，能源部门的二氧化碳排放量在未出台新政策或供应不受限制的情况下到 2050 年将增加到 130%。2013 年 6 月，IEA 发布《重绘能源-气候地图》特别报告表示，2012 年全球的二氧化碳排放量上升了 1.4%，达到创纪录的 316亿吨。IEA 执行干事 Mariavander Hoeven 认为：照目前的趋势下去，地球在 21世纪末的升温幅度将超过各国普遍接受的 2℃，且很可能升温 3.6~5.3℃。这就意味着如果不控制 $CO_2$ 的排放量，那么因气候变暖带来的自然灾难将会更加猛烈和频繁，最终可能导致"未来水世界"和干旱缺水的困境同时出现的现象，地球的生态系统则会进一步遭到严重破坏，这将直接威胁人类的生存和健康。

### 1.1.2　CCUS 对长期减排的作用

在温室效应对气候产生巨大影响，导致生态系统遭到严重破坏的背景下，如何有效地应对全球气候变化，控制温室气体排放，解决经济与环境变化之间的突出矛盾，促进经济、社会、环境的可持续发展，成为多国政府的首要议题和社会各界广泛关注的焦点。

2009 年 12 月 7 日—18 日，在丹麦首都哥本哈根举行的《联合国气候变化框架公约》第 15 次缔约方会议暨《京都议定书》第 5 次缔约方会议中，把意大利 G8 峰会上提出的在 21 世纪内"将升温控制在 2℃ 以内"的目标写入了《哥本哈根协议》。该目标的实质是将大气层中的温室气体浓度控制在 450ppm①$CO_2$ 当量左右。根据 IPCC 和 IEA 等机构的预测，在 450ppm 情景中，全球与能源相关的 $CO_2$ 年排放量在 2020 年前达到峰值 390 亿吨，在随后的2030 年下降至 264 亿吨，这比现有减排政策下的情景分别降低了 138 亿吨和38 亿吨。此外，宏观经济模型的预测也表明，碳减排行动开始的时间越晚，后期减排的压力和投入也就越大②。

2015 年 12 月 12 日，《联合国气候变化框架公约》的近 200 个缔约方在巴黎气候变化大会上通过了《巴黎协定》。这份关于气候变化的协定于 2016 年4 月 22 日由 175 个国家领导人在纽约联合国总部共同签署，并于 2016 年 11 月4 日正式生效。《巴黎协定》是全球采取行动减少温室气体排放，增强对气候

---

① ppm 为体积分数，1ppm 为 $1×10^{-6}$。
② 气候组织. CCS 在中国：现状、挑战和机遇 [R]. 北京：气候组织，2010.

变化的应对能力，继《京都议定书》后第二份有法律约束力的气候协议。协定安排了 2020 年后全球应对气候变化的行动，确立了将全球气温升高幅度控制在 2℃ 范围以内的目标，开启了全球气候治理的新征程。

为了应对全球气候变化，实现"将升温幅度控制在 2℃ 以内"的目标，发展低碳经济、降低碳排放强度等问题被提到前所未有的高度，二氧化碳存量治理等以减排为主要手段的低碳经济发展路径成为学术界研究的重点。在发展可再生能源、提高碳汇吸收能力、发展二氧化碳捕捉与封存技术、提高资源利用效率等控制 $CO_2$ 排放量的措施中，二氧化碳捕捉与封存技术（Carbon Capture and Storage，简称 CCS）是 IPCC（2005）特别推荐的温室气体最有效的减排组合方案之一，也被科学界认为是碳存量治理最有潜力的和最具实效的减排手段，该技术与化石能源系统结合良好的特性能有效配合新能源与可再生能源体系的发展，是未来减缓温室气体排放的重要战略技术选择，对实现大规模减排意义重大。

二氧化碳捕捉、利用与封存（Carbon Capture，Utilization and Storage，简称 CCUS）技术是一项新兴的、具有大规模碳减排潜力的技术。作为 CCS 技术新的发展趋势，该技术的减排效能在 2011 年 9 月 19 日—23 日于北京举行的碳收集领导人论坛（CSLF)[①] 第四届部长级会议中得到了广泛肯定。CCS 技术是为了达到彻底减排的目的，在 $CO_2$ 排放前就对其进行捕捉，然后把捕捉到的 $CO_2$ 通过管道或船舶运输到封存地，再将其压缩注入地下的过程。"CCUS 技术"是中国提出的概念，在国际社会产生了一定影响。它的产业链由 $CO_2$ 的捕捉、运输、利用以及封存四个环节组成，除了对捕捉到的 $CO_2$ 进行封存，还可以将捕捉的二氧化碳进行提纯，再投入到新的生产过程中，循环再利用。与 CCS 相比，我国提出的 CCUS 技术突出了二氧化碳的资源化利用功能，它不但能产生经济效益，减少 CCUS 技术的综合成本，而且比 CCS 更具有现实操作性。

国际能源署（IEA）的研究认为，为了保持温度稳定，到 2050 年会将温室气体的排放浓度限制在 450ppm 范围内。在能实现这个目标的所有减排技术中，碳捕捉与封存技术在未来的减排过程中将发挥 20% 的作用。IEA 的研究表

_____

① 碳收集领导人论坛（CSLF）是一个促进成员国及国际社会在碳捕集、利用与封存（CCUS）领域开展交流与合作的部长级多边机制，成立于 2003 年。其宗旨是推动开发用于二氧化碳的分离、捕获、运输和长期安全存储且具有更好成本效益的技术；使有关技术在国际上得到广泛利用；确定并解决与碳捕获和储存相关的问题，包括营造适当的技术、政治和监管环境以利于开发此类技术。

明，在减排措施中，二氧化碳捕捉与封存技术对总体减排的贡献呈显著上升趋势，预计2020年占3%，2030年将占10%，2050年将达到19%，这意味着二氧化碳捕捉与封存技术将成为减排份额中最大的单项技术。此外，IEA在综合分析了各类减排技术的长期成本后认为，该技术的使用还可降低总减排成本。如果在不采用此技术的情况下实现气候控制目标，那么到2050年总减排成本将会比使用该技术增加70%。政府间气候变化委员会（IPCC）发布的研究报告表明，到2100年通过CCUS技术封存的二氧化碳量会达到220~2 200Gt，这将占碳减排总量的15%~55%，与此相关的投资组合成本则会减少30%。世界自然基金会（World Fund for Nature，WWF）则认为，在使用化石燃料的工厂中装配碳捕捉与封存设施是减缓气候变化的关键技术之一。该组织预计通过CCUS技术实现的化石燃料排放可使年减排量高达38亿吨[①]。

可见，CCUS技术减排潜力巨大。和其他减排技术相比，该技术的运用不仅大大增加了减排量，而且降低了减排成本。该技术在大规模温室气体减排行动中发挥着必不可少的作用，具有广阔的发展前景。

### 1.1.3 CCUS发展成为全球议题

目前，CCUS技术已经被包括国际能源署（IEA）、国际能源论坛秘书处（IEF）、石油输出国组织（OPEC）等在内的全球主要能源机构，以及英国、美国、澳大利亚、加拿大等主要碳减排倡导国家看作是未来的主要减排技术。

2005年7月，八国集团首脑会议通过了碳收集领导人论坛（CSLF）关于气候变化、清洁能源和可持续发展问题上的"鹰谷"计划，提出要"努力加速CCS技术的发展与商业化"。2009年10月13日，在伦敦开幕的碳收集领导人论坛（CSLF）第三届部长级会议中，多国部长呼吁为应对气候变化，应重视发展及商业化利用"碳捕捉与储存（CCS）"技术。2011年9月19日—23日，在北京举行的主题为"携手推动下一个十年的碳捕集、利用和封存（CCUS）的研究、示范与部署"的碳收集领导人论坛（CSLF）第四届部长级会议肯定了碳捕集、利用和封存（CCUS）技术作为应对气候变化重要的技术路径之一对大规模减排的贡献，鼓励尽早示范和部署CCUS项目，在新修订的宪章中增加了二氧化碳资源化利用的内容。2015年，国际能源署（IEA）预

---

① 中国21世纪议程管理中心. 碳捕集、利用与封存技术进展与展望［M］. 北京：科学出版社，2012.

测，要达到升温幅度控制在 2℃ 以内的目标，CCUS 技术在 2015—2020 年必须实现全球减排总量 13% 的贡献值。

美国气候变化技术（CCTP）和全球能源技术战略计划（GTSP）将 CCUS 技术列为重要的气候变化减缓技术。挪威、加拿大、英国、澳大利亚等国则将碳捕捉与封存技术作为本国未来战略的重要组成部分，并制定了相应的发展规划和相关技术路线图。如澳大利亚为了跟踪分析 CCS 在全球的发展，为相关研究机构提供政策建议，在 2009 年成立了全球 CCS 研究所（Global CCS Institute）。欧盟最早开展了 CCUS 的详细立法，并在 2015 年前建成 12 个示范项目；G8 集团则计划在 2020 年建成 20 个商业化项目；BP、壳牌等一些大型国际石油公司也成立了专门的业务机构。全球目前已经有 300 多个 CCUS 示范项目。

中国作为全球最大的煤炭生产国、消费国和最大的二氧化碳排放国之一，中国政府一直致力于应付全球气候变化，引导应对气候变化国际合作，实施可持续发展战略。中国率先签署了应对气候变化的《巴黎协定》，认真落实减排承诺，是全球应对气候变化的重要参与者、贡献者和引领者。2009 年 11 月，中国政府宣布到 2020 年我国单位 GDP 二氧化碳排放量将在 2005 年基础上降低 40%~45% 的减排目标。2017 年 10 月，中国共产党十九大报告提出加快生态文明体制改革，建设美丽中国的战略任务，做出了"积极参与全球环境治理，落实减排承诺"的部署。在中国政府积极应对气候变化的战略选择下，国内大规模发展 CCUS 的呼声也越来越高，国内的煤炭、电力、化工行业都把碳减排目光投向碳捕捉、利用与封存项目（CCUS）。国家对碳捕捉与封存技术的发展给予了高度重视，先后出台了多个关于 CCUS 技术的战略政策文件，如《国家中长期科学和技术发展规划纲要（2006—2020 年）》《国家应对气候变化规划（2014—2020 年）》《中国应对气候变化方案》《中国应对气候变化科研专项行动》《国家"十二五"科学和技术发展规划》《"十三五"控制温室气体排放工作方案》《"十三五"国家科技创新规划》《"十三五"应对气候变化科技创新专项规划》等；政府还通过国家自然科学基金、国家重大基础研究计划（973）、国家高技术计划（863）和国家科技重大专项等国家科研项目设立多个 CCUS 技术研发的重点课题来推动 CCUS 研究。国家积极搭建 CCUS 技术合作的产学研一体化技术合作平台，在科技部的鼓励下，中国华能、中石油、神华、中国绿色煤电、新奥等公司也相继开展 CCUS 项目研究工作；在科技部社发司、创新办的指导下于 2013 年 11 月成立"中国 CCUS 产业技术创新战略联盟"[①]；此外，中国与欧盟、美国、澳大利亚、意大利、英国等组织和国家共同发起的 CCUS 国际合作项目先后展开，并取得了显著成果。

### 1.1.4 CCUS 发展面临资金瓶颈

尽管我国 CCUS 技术取得了一些进步，但从全球 CCUS 技术的总体发展历程来看，我国 CCUS 技术目前仍处于研发和早期系统示范阶段。我国 CCUS 项目的投入主体是政府，政府对 CCUS 的投入主要采取科研经费直接投入的方式，尚未建立明确的公共财政的扶持机制和较为成熟的多元化投融资渠道，CCUS 的公共财政政策和制度的建设问题还有待解决。

当前，我国 CCUS 的发展正面临需要资金的大量投入和投入资金严重不足的矛盾。一方面，CCUS 技术具有跨部门、跨领域、空间规模大、时间跨度长、投资大、风险大等特点，它的发展依赖于资金的有效投入；另一方面，CCUS 技术由于出现的时间短，面临技术成熟度不高、技术成本高昂、未来资金缺口大等问题，这为其推广带来挑战。

就目前我国 CCUS 发展所获得的资源情况可以看出：CCUS 所得到的公共财政支持度和金融资源与它在缓解全球气候变化中具有的重要作用极不相符，政府有限的投入经费和 CCUS 发展需要巨额资金的支持成为目前我国该项目面临的一大矛盾，CCUS 发展面临严重的资金瓶颈。

### 1.1.5 公共财政政策为 CCUS 发展提供保障

首先，CCUS 早期发展面临的资金瓶颈问题的解决，必须诉诸公共财政政策的制定与实施。这是由于公共财政作为一种与市场经济相适应的财政模式，是为了满足社会公共需要而进行的政府收支活动，具有资源配置、收入分配、保证经济稳定发展等功能。CCUS 是一种公共产品，具有准公共品和外部性的特征以及改善生态环境与推动社会可持续发展的作用，应该把它纳入公共财政体系，且应该是公共财政重点支持领域，公共财政则应该是 CCUS 项目发展的物质基础和主要支柱。可以说，公共财政政策是 CCUS 发展的重要保证，公共财政的扶持力度以及运行模式将对 CCUS 项目的可持续发展产生重大和深远的

---

① "中国 CCUS 产业技术创新战略联盟"是我国相关企业、研究机构和高校等组织成立的机构。该机构是由华能集团、中石油、中石化和国电集团作为理事长单位牵头，汇集国内 CCUS 领域内一流研发实力的企业、高等院校和科研院所建立的产业联盟组织，成员包括中联煤、清华大学、北京大学、中科院武汉岩土力学所等 28 家理事单位，是我国行业间、机构间开展 CCUS 技术研发与示范合作的平台。

影响。

其次，在行业发展的初期阶段，公共财政政策会发挥强有力的支持作用，同时还会带动私人资本的进入，促进该行业的快速发展。随着行业的不断成熟与发展，市场作用逐渐增大，公共财政政策的作用会慢慢减退。这也是为什么在 CCUS 发展的早期阶段更需要公共财政支持的原因之一。

最后，公共财政需要通过 CCUS 的价值计算，确定该项目的价值后再提供支持。一方面，CCUS 的价值估算能把它对气候问题的重大贡献从意义上质的体现转化为经济学中量化的表达，这不仅丰富了 CCUS 作用的表述，也为发展CCUS 提供科学依据。另一方面，CCUS 的价值估算也为政府制定公共财政的投入模式和税收模式提供可靠的决策依据。

综上所述，正是在这样的背景下，本书展开了对我国 CCUS 早期发展的在价值估算导向下的公共财政政策问题的研究。

## 1.2 研究目的与研究意义

### 1.2.1 研究目的

党的十九大报告中关于生态文明建设的论述，为我国绿色发展、环境治理、生态系统保护、生态环境监管指明了方向。CCUS 技术所具有的低碳节能和减排的巨大优势符合社会主义生态文明观的发展方向，是基于生态文明建设背景下应大力发展的技术产业。发展 CCUS 不仅能缓解气候变暖进程，改善气候环境，保证可持续的人口、资源、经济、生态环境；而且在战略上决定着未来世界减排技术市场的布局，它的发展需要国家财政的支持。

随着 CCUS 技术成为全球减排力量的生力军，国内外对 CCUS 研究的重视，支撑 CCUS 技术继续推广的公共财政问题研究成为新的研究课题。为保障CCUS 项目能够快速发展和大规模的推广，建立一个促进 CCUS 项目发展的公共财政支出政策、收入政策和有效政策支持体系就显得十分重要。为缓解我国制约 CCUS 技术发展的资金瓶颈，探寻适合我国国情的 CCUS 项目早期发展的资金进入有效路径，本研究针对现阶段我国发展 CCUS 项目成本高昂、资金缺乏且政府投入不足、私人资本不敢进入的问题，充分借鉴国外 CCUS 项目的公共财政政策的先进经验，根据 CCUS 项目价值估算的结果，研究设计促进我国CCUS 发展的公共财政政策，构建相应的政策支持体系，为我国制定促进CCUS 发展的公共财政政策提供理论依据。

### 1.2.2　研究意义

面对 CCUS 项目推广的巨额资金需求，对基于 CCUS 项目价值估算导向下的 CCUS 公共财政政策等相关问题进行深入研究，具有十分重要的理论意义和现实意义。

#### 1.2.2.1　理论意义

（1）完善我国 CCUS 公共财政理论。

本研究将宏观经济学理论和公共经济学理论相结合应用于 CCUS 领域，系统地阐述了公共物品理论、外部性理论、投资乘数理论、公共财政理论等，采用理论研究与实证研究相结合的方法，定义了 CCUS 公共产品的属性，分析了把 CCUS 纳入公共财政体系的理论基础，为制定我国 CCUS 项目早期发展的公共财政政策提供了理论支撑。

（2）丰富 CCUS 价值估算内容。

价值的确定是制定公共财政政策的前提和基础。当前，对 CCUS 进行成本分析、价值计算的文献很少，还没有形成一套价值计算的体系。由于 CCUS 是一个多环节的复杂系统，通过识别系统中二氧化碳的处理方式分析它的价值构成和资金流运行情况，所以以此为基础构建 CCUS 项目的价值估算模型显得十分必要。这不仅能丰富 CCUS 研究内容，推动该项目经济价值的深入发掘，而且能为其公共财政政策的制定提供理论支撑。

（3）提供 CCUS 公共财政政策制定的理论依据。

本书将 CCUS 纳入公共财政体系，依据公共产品理论、外部性理论、公共财政理论、投资乘数理论、税收原则理论，运用理论研究与实证研究相结合的方法，系统地分析了我国 CCUS 财政支持的现状与问题，并通过借鉴国外先进国家 CCUS 发展公共财政政策经验，设计了促进我国 CCUS 发展的公共财政政策，构建了 CCUS 的公共财政政策支持体系，为我国 CCUS 公共财政政策的制定提供了理论依据和政策建议。本书的主要意义有以下三个方面：第一，本书中关于 CCUS 公共财政支出政策的设计为建立稳定、长效的 CCUS 资金投入机制和高效的资金利用率提供了理论支撑；第二，对 CCUS 公共财政收入政策的研究为我国 CCUS 行业的税费改革提供了理论依据；第三，丰富了我国促进 CCUS 公共财政政策及支持体系构建的理论内容，发展了公共财政理论，为我国 CCUS 乃至碳减排产业的公共财政政策研究提供了研究思路和理论框架。

#### 1.2.2.2　现实意义

（1）有利于我国 CCUS 公共财政政策的制定。

CCUS 公共财政政策的研究是我国 CCUS 项目发展的需要。本研究从我国国情出发，通过比较分析国内外 CCUS 的公共财政政策，探索该项目的价值评价方法，设计促进我国 CCUS 发展的公共财政支出政策和收入政策，构建促进该项目发展的公共财政政策支持体系，有利于我国建立长期稳定的公共财政政策支持和 CCUS 项目推广的资金保障体系。

（2）有利于促进 CCUS 技术的发展。

构建 CCUS 公共财政政策体系，有利于解决 CCUS 项目巨大资金缺口问题，能保障 CCUS 研发的顺利进行和项目的顺利开展，促进技术的快速发展和大规模推广。

（3）有利于低碳产业公共财政机制的建立与政策制定。

贯彻落实党的十九大报告中关于"绿色发展""构建市场导向的绿色技术创新体系，发展绿色金融"的发展理念，研究 CCUS 的公共财政政策可以为 CCUS 的发展创造一个良好的金融环境，并有效规避 CCUS 产业所带来的金融风险。同时，由于 CCUS 的准公共产品特性，市场不能自发解决其资金需求问题，本书根据我国国情和 CCUS 发展情况，从政府职能角度出发，按照科学合理的原则设计 CCUS 公共财政政策，可为低碳产业公共财政扶持模式的建立提供参考，促进我国低碳经济的发展。

（4）有利于推动生态文明建设进程，建设人与自然和谐共生的现代化。

公共财政政策的实施，有利于解决 CCUS 的资金瓶颈，促进该技术的推广。这不仅可以有效地减少碳排放，实现我国政府到 2020 年单位 GDP 碳排放强度在 2005 年的基础上降低 40%～45% 的减排目标，缓解温室效应、延缓全球气候变暖进程；而且发挥着净化空气、改善气候、美化自然环境的作用，有利于建立可持续发展的生态环境和人居环境，为我国建立和谐社会提供必要的生态环境保证，推动"人与自然和谐共生的现代化"建设目标的实现。

## 1.3 国内外研究文献综述

CCUS 作为一种新兴的减排技术，可实现化石能源大规模的低碳利用，对实施可持续性战略具有重要意义，是发展低碳经济的一项重要举措，故对 CCUS 的研究也属于低碳经济领域范围内的研究。由于目前国内外对 CCUS 公共财政政策的专题研究还属于空白阶段，本书对 CCUS 公共财政政策问题的参考主要围绕低碳经济领域公共财政政策的实施来进行。

因此，本书的文献综述包括两大部分的内容：一是 CCUS 的研究现状；二是公共财政政策在低碳经济发展中的应用研究情况。

### 1.3.1　CCUS 的相关研究综述

CCUS 是未来全球减少二氧化碳排放和保障能源安全的重要战略选择，已成为国际社会研究应对全球气候变暖的一个热点问题。国际学术界关于 CCS[①]的研究论文数量以 2001 年为分水岭，大致分为两个阶段。第一阶段是 1991—2000 年，论文数量不多，年论文数量在 10~20 篇；第二阶段是 2001 年至今，论文数量呈快速增长态势，特别是 2006 年后，年论文数增量都在百篇以上。

在有发文量的国家中，发文数最多的国家是美国、加拿大、英国、挪威、澳大利亚等国，其中美国遥遥领先，发文量约占发文总量的 28%，这也反映了美国在 CCS 研究方面的较强实力。

从文章内容来看，除了 CCS 技术本身的探讨外，围绕 CCS 的研究主要集中在三个领域：CCS 的应用前景、CCS 的成本分析和 CCS 的法律与政策。

1.3.1.1　CCUS 应用前景研究

CCUS 缓解了温室效应对气候的影响，实现了大规模碳减排的目标，吸引了国内外学者的研究兴趣，他们在该技术应用前景方面进行的大量研究，充分表明了 CCUS 在长期减排技术中的重要贡献和地位。

国外对 CCS 的研究是从 1989 年麻省理工学院的项目发起开始的，该学院从 $CO_2$ 驱油工程实践中受到启发，提出将化石燃料产生的 $CO_2$ 与大气隔绝，永久封存，能大量减少温室气体的排放，继而发起了碳捕集与封存技术项目，此事件成为碳捕捉与封存技术正式诞生的标志。2002 年 11 月，IPCC 在加拿大瑞基纳市召开 CCS 研讨会，该研讨会的结果成为第一个有关 $CO_2$ 捕集与封存的评估文献的基础。联合国政府间气候变化专门委员会（IPCC，2005）在《二氧化碳捕获和封存特别报告》中指出 "CCS 具有减少整体气候变化减缓成本以及增加温室气体减排灵活性的潜力"[②]。Koen Smekens（2006）等通过对长期能源情境下碳捕捉与封存技术对欧洲的影响和该技术对外部成本的敏感性分析，得出了在严格碳减排政策约束下，CCS 技术将得到大规模推广的结论。Damen K（2007）等则比较了在 CCS 技术下电站和制氢系统的链条分析，得出

---

① 目前国际上使用较多的提法是碳捕集与封存（CCS）技术，将 $CO_2$ 资源化利用也作为该技术系统的组成部分则称 CCUS，二者没有本质的差别。因此，本书在介绍碳封存与捕捉技术时，有时也用 CCS 这一概念。

② IPCC，$CO_2$ capture and storage［M］. New York：CambridgeUniversity Press，2005：347-349.

CCS 对二氧化碳减排影响巨大的结论。

CCUS 作为发展低碳经济的一项重要举措，它的应用前景在我国受到学者的广泛关注。陈文颖、吴宗鑫（2007）从战略的高度探讨碳捕捉与封存技术对我国的影响，指出我国应该重视对碳捕捉与封存技术的研发以及示范性项目的建立。刘嘉等（2010）对碳捕捉与封存进行持续研究，在介绍了碳捕捉与封存技术原理、现状和未来发展动态的基础上，从发展低碳经济对我国的挑战和机遇入手，分析了碳捕捉与封存对我国发展低碳经济的潜在作用。李宏军、黄盛初（2010）通过综述国内高校、科研机构和企业关于 CCS 项目的最新行动，提出中国的国情、发展阶段和能源结构决定了 CCS 是中国应对气候变化的一项重要战略选择，也是全球 CCS 最具潜力的市场。崔正东、刘大安等（2010）则结合文献资料指出我国 $CO_2$ 地质封存容量可供中国 $CO_2$ 地质埋存 1 000 年以上，并从科学技术能力、人才储备、经济成本及效应预算、管理和运营体制等方面进行论证，认为我国实施 $CO_2$ 封存是切实可行的；并认为二氧化碳封存对我国可持续战略有深远意义，建议我国尽快组织开展 $CO_2$ 地质封存相关科学理论、技术和配套政策、法规的研究。修远（2011）认为大力发展碳捕捉与封存技术，占领减排技术制高点，才能积极应对气候变化，创造我国未来发展新优势。中国科学院院士焦念志（2017）认为发展 CCUS 技术将是提升我国低碳技术竞争力的重要机遇。

由于二氧化碳捕捉与封存技术是新兴技术，在发展过程中也存在着一些问题。康丽娜、尚会建等（2010）就分析了该技术面临的诸多问题，提出该技术的发展需要政府在立法和税收机制上的激励措施。刘兰翠、曹东等（2010）提出我国需审慎评估碳捕捉与封存技术推广产生的负面影响，并提供了相关的对策建议。刘永、邓蜀平等（2010）指出目前我国煤化工行业实施应用碳捕捉与封存在技术、成本、安全与环境影响、法律与法规等方面所面临的障碍。在此基础上，王众、张哨楠、匡建超（2010）运用 SWOT 模型分析了我国大规模发展碳捕捉与封存的优势、劣势、机遇和潜在威胁，指出尽管碳捕捉与封存技术在我国大规模发展中存在一些障碍，但前景广阔。聂立功（2017）认为 CCUS 技术的碳减排效果显著，总减排潜力巨大，但同时也提出该技术额外能耗大、减排成本高、长期安全监测难等问题是当前制约其发展应用的主要问题。

### 1.3.1.2 CCUS 成本分析研究

作为一项新兴的减排技术，高昂的成本、巨额的资金需求成为 CCUS 大规模推广面临的主要障碍。为了解决 CCUS 发展面临的资金瓶颈，对 CCUS 的成本分析自然成为早期研究的重点。

国外学术界对 CCUS 的成本分析研究主要集中在采取不同技术所需成本间的比较。政府间气候变化委员会（IPCC，2005）的报告中指出，当运行总成本降到每吨二氧化碳 25~30 美元时，CCS 技术才可能得到大规模运用。早在 2000 年，J. David、H. Herzog 就对整体煤气化联合循环（IGCC）、天然气联合循环（NGCC）和燃烧粉煤（PC）三类电厂的 $CO_2$ 捕捉成本进行了比较分析，得出了随着未来技术的进步，捕捉成本将会大幅降低的结论。Edward S. Rubin、Chao Chen、A nand B. Rao（2007）对采用 IGCC、NGCC 和 PC 技术的三类电厂的 $CO_2$ 捕捉成本及减排效率进行了评估，指出受天然气价格上涨的心理预期因素的影响，采用 NGCC 技术电厂的捕捉成本会高于采用 IGCC 和 PC 技术的电厂，出现这个结果的原因是采用 IGCC 和 PC 技术电厂的捕捉成本受天然气价格上涨的心理预期因素的影响较少，更多是受煤炭质量的影响。Vincent M. Otto、John Reilly（2007）指出推进 CCS 技术顺利实施的一个最有效的政策手段是采用碳交易市场和补助金的结合，这会使得 CCS 技术因成本的降低而得到快速推广，从而达到清除二氧化碳的目标。Y. Huang（2008）等人研究了 CCS 系统中碳运输的成本和存储成本，指出 IGCC 技术所具有的技术可行性和该技术在成本上的优势。

国内关于 CCUS 的成本分析研究刚刚起步，主要集中在碳捕捉环节的成本分析和商业化运行模式设计等方面。胥蕊娜、陈文颖、吴宗鑫（2009）从成本和发电效率的角度比较了各种 $CO_2$ 捕集技术，认为未来我国 CCS 发展的首选电厂类型是超临界煤粉电厂和 IGCC 电厂。田牧、安恩科（2009）从经济性角度分析 CCS 各种方案的组合，并计算了这些组合方案的盈亏平衡点，认为目前 CCS 最经济的方案是 EOR。梁大鹏、李锬等（2009）通过构建 Agent 模型，并用仿真模拟的方法得出了 CCS 可以建立商业运营模式形成一个独立的产业系统的结论；梁大鹏（2009）基于我国电力市场的运行规则，运用一般均衡模型设计了 CCS 的商业运营模式，并用系统动力学的方法对设计的商业运营模式进行仿真模拟，提出了我国商业化模式推广 CCS 的四种基本做法。李健、许楠希（2012）利用复利终值估价法建立总收益估算模型，提出项目经济性的评价方法。匡建超等（2012）提出 CCS 链的概念，分析比较 CCS 各备选技术的优势和不足，构建了四条我国早期的 CCS 实施方案。

### 1.3.1.3　CCUS 相关政策研究

国际上的普遍观点是，解决气候变化问题需要一套综合的总体解决方案，这既包括技术的开发和应用，也包括相应的法律法规、融资政策、政府风险监管政策和提高公众接受度的措施。

(1)法律法规方面。

CCUS技术的应用是一项复杂且高风险、高成本的活动，它涉及较多的法律部门，其相关法律及政策的制定和完善是该技术能否实现大规模发展的前提，因此对CCUS相关法律及政策的制定已成为目前研究的重点。目前，在国际法方面，关于该技术的法律框架主要集中在三个方面：①对技术的界定，如《联合国气候变化框架公约》《京都议定书》；②对捕捉的二氧化碳在海洋封存的规定，如《联合国海洋法公约》；③该技术应用与废弃物跨境转移间的联系，如《防止倾倒废物和其他物质污染海洋的公约》。此外，一些发达国家已经开始了该技术的专门立法，学者们针对各国的CCS立法情况开展了系列研究。

M. J. Mace、C. Hendriks、R. Coenraads（2007）通过对欧盟相应法规的研究指出，在碳捕捉与封存项目的实施过程中，欧盟现行的法律制度不利于该活动的开展，认为必须在法律上对该活动的具体内容进行明确的界定，才能提高政策的稳定性，促进该活动的顺利实施。H. Groenenberg、H. de. Coninck（2008）评价了欧盟范围内促进CCS大规模实施的政策工具，指出欧盟的行政措施及低碳排放标准对CCS项目大规模开展有重要的促进作用，这同时也有利于CCS被环保组织进一步接受。S. Bachu（2008）在以加拿大Alberta省CCS的实施为例的基础上总结了Alberta省和加拿大的相关法律法规，认为CCS项目的顺利开展还需要对现行法律制度进行某些补充和完善，而当前最迫切的任务是解决CCS项目实施后的一些法律法规建设问题，比如：地下$CO_2$的管辖、监管和责任的界定等。M. F. Pollak、E. J. Wilson（2009）根据美国实施CCS的情况指出，美国必须建立统一的法律法规来推动CCS发展，特别是对地下$CO_2$储集空间的所有权以及长期监管等方面的法律框架应尽快建立。

我国学者曲建升、曾静静（2007）在总结某些发达国家实施经验的基础上，提出CCS法律体系是否健全、完善是CCS能否快速发展的又一决定因素。考虑到健全的法律法规对CCS的促进作用，两位学者对促进我国CCS工作开展的法律体系及政策环境的构建提出了具体建议。

(2)资金投入方面。

由于CCUS项目成本高，资金的来源和投入方式成为学者们研究的热点。俞华（2010）分析了碳捕捉与封存的投融资机制，并对企业参与碳捕捉与封存发展进行了论述。汤道路、苏小云（2011）在系统梳理美国碳捕捉与封存法律法规及政策上，对我国发展碳捕捉与封存政策提出了建立专项投资基金、争取国际投资、加大研发力度和完善公众参与机制四点建议。陈俊武、陈香生（2011）认为碳捕捉与封存工程所需资金巨大，涉及社会、法律、教育、安全、金融等多方面工作，迫切需要政府集中力量，统筹安排。Duan H-B、Fan Y 等（2013）通过研究替代能源的补贴税收对化石燃料的影响，提出碳税的实施会极大地促进 CCS 的发展，预计配备 CCS 技术的化石能源份额到 21 世纪末将达到 15%；当环境政策转变为混合政策时，CCS 的二氧化碳减速比在现有碳税水平下持续增长，此时，CCS 的减排贡献率呈"驼峰状"。

（3）风险管理与评价方面。

CCUS 技术风险巨大，研究人员根据此特点从 CCUS 风险管理和风险评价方面进行了探索，提出了 CCUS 项目风险监管政策方面的建议。K. Damen、A. Faaij、W. Turkenburg（2006）对 $CO_2$ 封存可能存在的安全和环境风险进行了分析，认为相对于地面风险来说，地下封存因存在泄漏、地震等风险更难监测和管理，这需要建立一套完善的风险管理系统来解决相关问题。M. Pehnt、J. Henkel（2009）运用生命周期评价法从环境风险的角度对电厂 $CO_2$ 的捕捉技术进行了分析，认为电厂所选择的碳捕捉技术很大程度上决定了 CCS 对环境的影响程度。M. Gerstenberger、A. Nicol、M. Stenhouse 等（2009）根据碳捕捉与封存系统的不确定性提出了逻辑树风险评价方法，该方法以模块化和概率分析为基础，把整个风险评价过程理解为可控制的部分，这对识别主要风险影响因素起到了重要作用。王新（2011）对碳捕捉与封存技术在应用中的环境风险进行研究，阐述了 $CO_2$ 运输阶段的环境风险和 $CO_2$ 封存阶段的环境风险，建议加强碳捕捉与封存技术环境影响评价管理、环境监管以及 CCS 产业化应用。彭峰（2011）针对碳捕捉与封存技术利用过程中存在的风险，从政府监管角度对碳捕捉与封存项目的监管权限和监管制度进行了设计。

（4）公众接受度方面。

社会公众对 CCUS 的接受度也是影响 CCUS 大规模实施的关键因素之一，国内外学者对社会公众接受度的问题进行了一些问卷调查和探讨。一些国外学者就此问题对其所在国或所在地区的社会公众对该技术的认知程度和接受程度进行了调查：S Shackley、C McLachlan（2006）在英国就"碳捕捉与封存在未来能源生产系统中所扮演的角色"问题对绝大部分受访者进行了调查，结果表明大部分公众把碳捕捉与封存技术看成是低碳能源系统的组成部分。此后，S. Shackley、H. Waterman、P. Godfroij 等（2007）又将调研范围扩展至整个欧洲，绝大多数受访者认为碳捕捉与封存技术对大规模减排 $CO_2$ "十分"和"比较"必要，同时超过半数的受访者认为碳捕捉与封存技术的风险较小。

K. Van Alphen、Q. V tot Voorsta、M. P. Hekkert 等（2007）对荷兰进行的调研结果表明，社会公众对碳捕捉与封存技术的认知程度是影响该技术被大众接受的一个重要指标。D. Reiner、X. Liang（2009）通过对比中国的调研结果与欧洲的调研结果，表明中国的投资者比欧洲的投资者更谨慎，同时也指出阻碍中国发展碳捕捉与封存推广的最大障碍来自社会公众对能源安全的担忧以及气候政策的不明朗，而推动该技术发展的最大动力则是中国的市场机制。A. Hansson、M. Bryngelsson 在 *Expert opinions on carbon dioxidecapture and storage a framing of uncertainties and possibilities*（2009）中谈到，作者对 24 位碳捕捉与封存领域的专家就该技术的作用、发展潜力及不确定性问题进行了访谈，专家们对该技术的前景抱有乐观积极的态度，这主要是由于该技术到目前为止还没有制定具体的标准，这使得对这些技术标准的认定存在足够的协商余地。Johnson（2010）等以国家为研究对象，采用 2006—2009 年问卷调查的形式考察了北美、日本以及欧洲公众对 CCS 技术应用的态度。结果表明，各界普遍认为，当前的节能减排技术并不系统，引入新的技术十分必要。国内学者胡虎，李宏军等（2009）通过调查分析发现碳捕捉与封存在中国具有广阔的发展前景，但由于存在信息缺乏、信息不对称，影响了社会公众对碳捕捉与封存技术的接受，需要帮助公众提高对该技术的认识，增强公众对该技术的接受度。

### 1.3.1.4 简要评述

综上所述，为了控制温室气体排放，实现减少碳排放的目标，世界各国，尤其是发达国家，在发展 CCS 技术、CCS 经济评价研究、CCS 法律以及其风险监管政策、公众接受度等研究方面取得了重要进展。我国因 CCUS 还处于早期发展阶段，其研究内容主要集中在技术的应用前景分析、经济可行性研究和风险监管方面，也有部分文献提到了要通过建立公共专项经费和制定融资政策来解决其成本问题，并建议通过系统法律法规的制定来鼓励 CCUS 的发展。

总体来说，综合国内外二氧化碳捕捉与封存领域的研究情况，关于如何解决 CCUS 项目资金问题以及 CCUS 的公共政策方面的研究甚少，仅有极少数文献提到政府应出台经济措施促进 CCUS 的发展，而对 CCUS 公共财政政策方面的系统研究则几乎是空白。由于资金是制约 CCUS 发展的最关键因素，且 CCUS 资金问题需要在政府主导下依靠公共财政政策的制定来解决。因此，本书试图以此为突破口，在 CCUS 经济价值评估的基础上，科学地设计促进 CCUS 发展的公共财政政策，为 CCUS 发展解决资金上的后顾之忧。

### 1.3.2　公共财政政策在低碳经济发展中的应用研究综述

由于 CCUS 技术处于发展初期，国内外对 CCUS 公共财政政策的研究还没有深入地展开，可参考的文献较少。因此，本书借鉴低碳经济领域中公共财政政策的研究内容，为我国 CCUS 公共财政政策设计提供参考。

低碳经济这一概念是 2003 年英国首相布莱尔在《我们能源之未来：创建低碳经济》（*Our Energy Future：Creating a Low Carbon Economy*）中首次提出的。随着低碳经济概念的提出，国内外学者开始对低碳经济领域进行关注并展开了系列研究，包括：低碳经济的内涵及意义、低碳产业、促进低碳经济发展所运用的公共财政政策、经济政策、外交政策以及碳税、碳交易、碳金融等。就促进低碳经济发展的公共财政政策而言，目前，国内外学者关于此方面的运用研究主要是在公共财政政策对低碳经济发展的作用下，围绕碳减排公共财政政策的具体实施措施进行研究。

#### 1.3.2.1　公共财政政策对低碳经济发展的作用的相关研究

公共财政政策在推进低碳经济的发展进程中发挥着举足轻重的作用。国外学者 Johnston（2005）和 Treffers（2005）在研究了英国和德国到 2050 年的政策减排目标后认为，如果采取相关财政政策措施，那么经济的强劲增长和减排目标是完全有可能同时实现的，为促进碳减排的发展，他们建议采取相关政策措施。Edward C. Prescott（2007）表明，根据英国的实践，促进经济增长和通过宏观政策来达到减少碳排放的目标是可以同时实现的。

低碳经济外部性是公共财政政策扶持的重要理论依据（李萍，2012）。由于市场行为不能弥补市场实效的状态，公共财政等非市场手段可以解决市场机制下资源的基础性配置问题，对低碳经济来说，可以通过公共财政政策促进其发展（赵奕杨，2012）。因而，可以把公共财政政策当作是促进低碳经济发展的重要手段，也可以把公共财政政策看作是低碳经济发展的资金保障，制定科学的财政政策对低碳经济发展具有积极的导向作用（易霞仔 等，2012）。此外，财政政策不仅为低碳经济发展提供了资金和环境支持，还有效地兼顾和支持了与低碳经济发展相关的科技政策、人才教育政策及产业政策、贸易政策，推动碳金融发展（徐博，2011）。对我国来说，实施财政激励政策可以加快发展低碳经济，并带动国内经济结构的调整，促进经济发展方式的转变（张德勇，2010）。黄龙、高杰（2010）指出，政府政策扶持低碳产业可以优化我国的产业结构，达到"低开采、低消耗、低排放、高效率、高利用"的可持续发展经济模式。任勤（2012）认为政府运用财政政策可以矫正外部性造成的市场失灵，并从财政补贴、预算拨款、税收优惠、贷款贴息、"低碳"政府采购制度、中央专项转移支付、绿色税收七个方面分析了财税政策对低碳经济发展的促进作用。

### 1.3.2.2 促进低碳经济发展的公共财政政策措施的相关研究

发展低碳经济，运用的政策工具不同，其发生的作用机制便不同，继而产生的效果也就不同。因此，采用什么样的公共财政工具显得尤为重要。在税收、公债、政府补贴、政府投资、政府预算和折旧等财政政策工具和相应措施的选择中，国内外学者们的观点各有特点。

国外很多学者在碳减排的公共财政政策工具选择中，更偏好于采用征税或者发放政府补贴或者两种手段同时运用的方式。比如：美国 William D. Nordhaus（2005）认为气候变化是全球公共物品，应当采取不同于国内公共物品的解决机制。他讨论经济公共物品的解决方法，即数量限额交易法和税收价格法，并比较分析两种方法的优劣。他对《京都议定书》中不同国家排放量分配方案提出质疑，认为征收国际碳排放的环境税才是应对气候变化的得力政策工具①。美国 William J. Baumol、Wallace E. Oates（2005）在《环境经济理论与政策设计》一书中分析了税收与补贴政策，提出要使资源利用达到最优规模，财政政策应采用税收制度而不是补贴制度②。而美国 Lester R. Brown 在2002 年发表的《生态经济》一书中提出："财政政策是建设生态经济的理想政策手段，因为征税和发放补贴使用得很广泛，而且是通过市场来动作的。如果我们利用财政政策来鼓励对环境建设有意义的活动，阻止对环境有破坏性的活动，那就能把经济引向可持续发展的道路"③。Gilbert E. Metcalf（2009）对美国的补贴政策和碳税政策进行比较，认为对低碳技术的补贴会降低能源成本，这样会使消费需求与降低排放的目标相矛盾，而且补贴政策很难达到技术中性，因此，他指出相对于碳税政策而言，补贴政策更难达到主要目标。

除了征税和补贴以外，经济学家 Steur、Edward C. Prescott、Landers、Kawase 等学者则从财政政策促进碳减排发展方面进行了研究，认为采用碳税、财政补贴、技术支持和绿色采购等政策工具的综合利用可以促进碳减排的发展。

随着低碳财政政策研究的深入，我国相继出台了一系列支持低碳经济发展的公共财政政策。国内学者蒋海勇（2011）从政策链的视野出发，认为我国低碳经济财政政策没有形成链状系统，在实施过程中存在低碳经济的财政总体

---

① 诺德豪斯. 均衡问题：全球变暖的政策选择 [M]. 北京：社会科学文献出版社，2011.
② 鲍威尔，奥茨. 环境经济理论与政策设计 [M]. 北京：经济科学出版，2005.
③ 布朗. 生态经济：有利于地球的经济构想 [M]. 北京：东方出版社，2002.

规划缺失、政策不够丰富、具体政策横向协同促进能力有待提高、配套政策不完善等问题。黄龙、高杰（2010）认为我国在发展低碳经济直接和间接扶持中存在定位、管理、缺位问题，在政策工具的运用中存在税收政策缺失、政策性投资没有起到引导作用、融资担保和投资损失补偿机制缺失的问题。周波、杜亚丽（2007），肖坚（2008），马海涛、程岚（2010）认为我国碳减排财政政策的实施过程中主要存在政策手段单一，制度建设不健全；能源价格偏低，无法体现能源稀缺性与国内供需紧张关系；资源环境基本处于低价或无价状态，排污费征收标准过低的问题。

　　面对碳减排财政政策实施中出现的问题，邓子基（2010）认为我国公共财政支持在推进低碳经济发展中应该贯彻科学发展、可持续发展、社会和谐、区域协调的原则，同时运用财政投资、转移支付、政府采购、收费与税收政策等财政政策工具进行制度改革和完善。黄龙、高杰（2010）提出加强相应扶持机制的建设，包括充分发挥税收激励作用、加强融资担保支持和中介机构培育、建立有效的风险补偿机制等。张德勇（2010）提出要实行供给管理与需求管理相结合的财政政策，发挥税收的促进作用，加大公共投入，重视低碳化财政政策的绩效评价和政策间的国际协调。蒋海勇（2011）提出了构建财政政策链的建议：一是尽快制定支持低碳经济的财政总体规划；二是从设立碳基金、丰富税收措施，形成我国绿色税收体系，完善低碳转移支付，认真落实政府绿色采购政策四个角度落实具体政策；三是加强具体财政政策的横向协同；四是完善配套机制建设。盛丽颖（2011）在中国碳减排的财政政策研究中认为我国碳减排财政政策运用主要表现在预算投入、财政补贴、税收政策、政府采购四个方面，并根据政策的现状，提出了我国的碳减排财政政策的完善措施：一是构建财政政策体系；二是完善财政收入政策，包括整合、改革现有税种和适时适度开征碳税两方面；三是完善财政支出政策，具体表现在预算投入政策、政府采购政策、转移支付政策、税式支出政策四个方面；四是完善相应的配套措施。易霞仔、王震（2012）认为我国目前在低碳经济的财政政策中存在投入政策方向和途径欠清晰、税收政策运用不充分、碳排放市场机制缺失的问题，提出建立对低碳节能技术创新及转让的财政投入机制、企业的财税补偿制度、碳税政策，鼓励和扶持企业积极参与的积极财政政策以缩短我国低碳经济发展的道路。周波、杜亚丽（2007），肖坚（2008）和马海涛、程岚（2010）提出一系列策略：调整财政支出结构，支持低碳经济发展；加大转移支付力度，支持地方碳减排；建立健全税收体系，确保环境资源有偿使用；完善政府采购制度，扩大环保产品采购；加快能源价格机制改革，促进能源价格市场化；对碳减排企业给予财税支持。赵奕杨（2012）还提出了建立节能减排专项基金，加大财政投资力度，完善税法制度等措施。

### 1.3.2.3　简要评述

从国内外的研究现状来看，西方国家早已建立了公共财政体系，在低碳经济领域中财政政策方面的研究较为成熟，在公共财政政策工具的运用中偏好于采用征税或者发放政府补贴或者两种手段同时运用的方式。国内关于低碳经济的公共财政政策研究主要是围绕公共财政政策对低碳经济的重要促进作用，针对低碳经济发展过程中公共财政政策实施出现的问题来研究具体的对策，提出了一些政策建议，但比较零散，缺乏系统性。

从根本上讲，国内外对低碳财政政策的重要性和措施的研究文献对我国 CCUS 公共财政政策的建立和实施有很大的启发性和指导性。借鉴国内外低碳经济发展中公共财政政策实施经验的成功和不足，结合我国 CCUS 的发展现状和公共财政支持中出现的问题，把 CCUS 的发展纳入公共财政体系，在公共财政的框架下对 CCUS 的公共财政支出和收入政策进行系统分析和研究是本书的目标。

## 1.4　研究思路与框架

本书的研究思路符合循序渐进、层层深入的原则。本书首先阐述与题目相关的基本理论——公共产品理论、外部性理论、公共财政理论、投资乘数理论和税收理论，并分析 CCUS 纳入公共财政体系的理论基础和现实必然性，说明 CCUS 公共财政政策建立的必要性；然后理论联系实际，在剖析我国 CCUS 公共财政支持的现状与具体问题的基础上，借鉴国外 CCUS 的公共财政政策先进经验，把 CCUS 的价值估算置于公共财政的大体系中，构建 CCUS 项目的价值估算模型；最后在价值估算模型的导向下，探讨促进我国 CCUS 发展的公共财政政策方案，构建 CCUS 公共财政政策体系，为国家制定 CCUS 的公共财政政策、促进 CCUS 的发展提供科学的理论依据。

本书力图构建 CCUS 的价值估算模型，在价值估算的导向下重点围绕 CCUS 的公共财政支出政策和收入政策两方面设计促进 CCUS 早期发展的公共财政政策；并在此基础上，构建相应的政策体系，为我国 CCUS 公共财政政策的制定提供对策和建议。

根据以上的研究思路，本书的逻辑框架如图 1-2 所示。

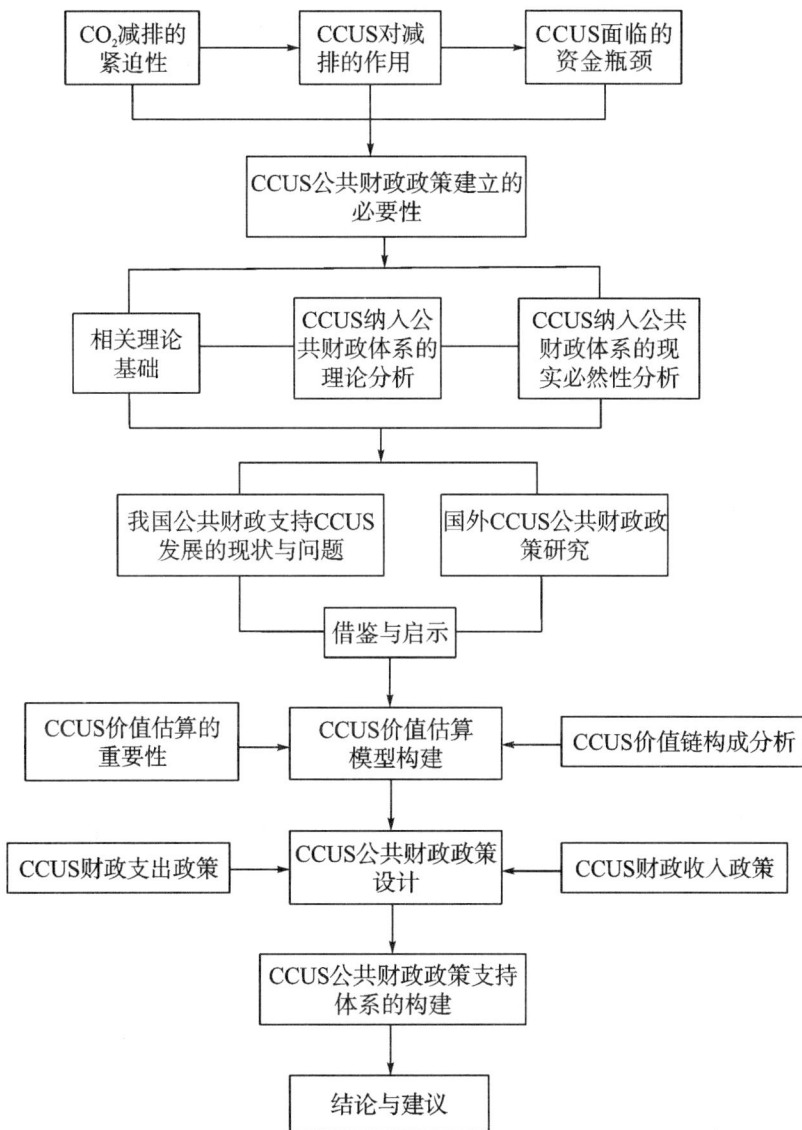

图 1-2  研究思路框架图

## 1.5 研究内容

目前我国 CCUS 技术发展缓慢，仍处于早期发展阶段。按照行业生命周期的发展轨迹，这个阶段急需公共财政的强力介入和大力支持。随着 CCUS 技术的成熟，在该技术进入中期阶段以后，私人部门参与数量和投入金额的增加，公共财政可以逐渐退出该领域，采取商业化运行模式，由市场来发挥主导作用。

本书对 CCUS 公共财政政策的研究仅针对我国 CCUS 发展的早期情况，根据此限定和本书的研究思路与框架，本书共分为八章，各章主要内容如下：

第一章为绪论，主要介绍选题背景、研究目的及意义，强调生态文明建设背景下发展 CCUS 技术的原因。在简要评述国内外 CCUS 相关研究现状与公共财政政策在低碳经济发展中的运用研究情况的基础上，提出本书的研究思路与框架、研究内容和研究方法及可能的创新点。

第二章为 CCUS 纳入公共财政体系研究的基本理论。本章首先从公共产品理论、外部性理论、公共财政理论、投资乘数理论和税收原则理论的相关理论基础研究着手，通过定义 CCUS 的属性、分析市场机制在 CCUS 领域的失效以及 CCUS 的发展需要公共财政介入的必要性，阐述了将 CCUS 纳入公共财政体系研究的理论依据；然后从 CCUS 在我国应用的重要性和公共财政为 CCUS 项目发展提供根本保证的角度分析了将 CCUS 纳入公共财政体系的现实必然性。

第三章为我国公共财政支持 CCUS 发展的现状及问题分析。本章首先介绍了 CCUS 技术流程、技术发展情况与项目进展情况，然后阐述了我国公共财政支持 CCUS 发展的基本情况，最后剖析了我国公共财政支持 CCUS 发展中存在的具体问题。

第四章为国外 CCUS 公共财政政策研究。本章在介绍国外 CCUS 的公共财政政策概况的基础上，分析了国外 CCUS 项目公共财政政策的特点，进一步总结了这些经验对我国的可借鉴之处，为我国的 CCUS 公共财政政策的制定提供参考。

第五章为我国 CCUS 价值估算模型的构建。在 CCUS 价值估算重要性的指导下，本章对 CCUS 项目的价值链构成进行分析，构建 CCUS 项目的价值估算模型，并用案例对 CCUS 项目价值估算模型的构建以及价值的计算等具体运用进行实例分析，为其公共财政政策的制定提供支撑依据。

第六章为我国CCUS公共财政政策设计。依据第五章的价值估算结果，本章首先从CCUS公共财政政策目标、原则和重点定位的角度阐明促进我国CCUS发展的公共财政政策的设计思路，之后对CCUS的公共财政政策措施进行重点研究，从政策内涵、政策工具和具体政策三个方面分别设计我国CCUS的公共财政支出政策和收入政策。

第七章为我国CCUS公共财政政策支持体系构建。本章在CCUS公共财政政策支持体系目标、框架的基本构想指导下，根据CCUS公共财政政策的设计内容，对CCUS公共财政政策支持体系的形成提出政策建议。

第八章为研究结论与展望。本章归纳总结本书的研究结论，指出本书研究的不足及未来的研究方向。

# 1.6  研究方法

本书涉及的领域多，涵盖的内容广。本书采用逻辑分析与历史分析、静态分析与动态分析、宏观分析和微观分析、定性分析与定量分析相结合的方法，并运用调查分析、历史分析、比较研究、实证分析、模型评价等研究方法进行研究。本书主要运用的方法是：

（1）系统研究的方法。CCUS公共财政政策研究是复杂的系统工程，在研究问题时必须从整体考虑，把与问题相关的所有因素综合起来。首先研究CCUS的项目特征，其次研究公共财政政策各部分之间的关系及整个系统的目标，着眼于CCUS公共财政政策的整体与部分、整体与环境的相互联系和相互作用的关系。

（2）定性研究与定量研究相结合的方法。本书的研究涉及的因素具有多样性和多层次性，采用定性定量相结合的集成方法来制定其政策。这种结合是把理论和经验、逻辑与非逻辑结合起来，最终实现经验数据和理性分析的结合，是价值判断、直觉判断和科学推理的结合。

（3）多学科理论研究相结合的方法。首先，CCUS项目本身是一门庞大而复杂的学科，涉及物理、化学、数学等基础学科和能源动力学、水文地质学、油气田地面工程等应用学科。其次，CCUS是公共产品，对它的公共财政政策研究涉及公共产品理论、外部性理论、公共财政理论、投资乘数理论、税收理论等公共经济学科和微观、宏观经济学的内容。最后，CCUS公共财政政策的制定涉及宏观经济学、公共经济学科的内容，更增添了其复杂性。因此，本书采用了多学科理论相结合的方法，积极将相关学科的前沿理论应用到 CCUS 价值评价模型的构建和公共财政政策的制定与实施中。

## 1.7 可能的创新点

本书在国内外学者对 CCUS 和公共财政政策的相关研究成果的基础上，以适合我国国情的促进 CCUS 早期发展的公共财政政策为研究对象，根据现阶段我国 CCUS 公共财政支持中出现的具体问题，借鉴国外 CCUS 公共财政政策的制定经验，以 CCUS 项目价值评估的结果为导向，研究设计促进我国 CCUS 发展的公共财政政策。本书可能的创新点如下：

（1）建立了 CCUS 价值估算模型。CCUS 价值量的研究，是衡量 CCUS 对减缓全球变化贡献力的重要依据，而价值估算作为 CCUS 项目是否值得投资的重要指标，为公共财政政策的制定与决策提供了科学依据。目前对 CCUS 的价值分析研究主要集中在单个环节，对 CCUS 的整体价值分析较少。由于 CCUS 是一个多环节的复杂系统，涉及因素众多，需要对整个系统的价值进行确切的计算。本书根据二氧化碳的处理过程，分析了 CCUS 系统的价值链构成模式和现金流运行情况，构建了 CCUS 的价值估算模型，通过该方法估算 CCUS 的价值量，可以为其投资决策和国家公共财政政策的制定提供科学依据。

（2）设计了促进我国 CCUS 早期发展的公共财政政策。目前，国内对 CCUS 公共财政政策的研究较少，相关的公共财政政策研究大多集中在低碳经济领域。由于 CCUS 的公共产品特性和外部性特征，迫切需要纳入公共财政体系，靠政府主导下的公共财政政策的支持来解决资金的瓶颈问题。本书根据我国国情和 CCUS 发展情况，借鉴国外的先进经验，从政策设计的目标、原则和重点定位三个方面着手，探寻了促进我国 CCUS 发展的公共财政政策的设计思路，并从财政支出和财政收入两方面设计了 CCUS 的公共财政政策，试图解决 CCUS 项目巨大的资金缺口问题，促进 CCUS 发展。

（3）构建了促进我国 CCUS 早期发展的公共财政政策支持体系。在 CCUS 公共财政政策设计的基础上，本书探索性地建立了促进我国 CCUS 早期发展的公共财政政策支持体系的目标和框架，并对支持体系的形成提出了对策建议，为政府部门制定政策提供参考。

# 2 CCUS 纳入公共财政体系研究的基本理论

## 2.1 相关理论基础

把 CCUS 纳入公共财政体系研究，首先需要依据公共产品理论和外部性理论界定 CCUS 的属性，并联系公共财政理论分析将 CCUS 项目纳入公共财政体系的理论性和现实必然性。然后通过投资乘数理论和税收原则理论分别阐述公共财政支出政策中政府直接投资产生的巨大效用和公共财政收入政策中税收的作用。本书运用的主要理论如下：

### 2.1.1 公共产品理论

公共产品（Public goods），又称为公共物品，或者公共品。公共产品的定义是美国经济学家萨缪尔森在 20 世纪 50 年代完成的。在此之前，英国苏格兰哲学家大卫·休谟于 1739 年在他的著作《人性论》中通过论述"公共草地排水"的问题表达了个人在公共利益维护中的局限性，以此说明国家和政府解决公共性问题的必要性。1776 年，英国苏格兰哲学家、经济学鼻祖亚当·斯密在《国富论》中深入考察了政府的职能问题，认为国防、警察等制度是需由君主提供的。

继大卫·休谟和亚当·斯密之后，瑞典经济学家林达尔于 1919 年在他的博士论文《公平税收》中，使用了"公共产品"这一词语。他在吸收维克塞尔关于征税中公共产品公平性问题及公共产品供应的投票思想的基础上，构建了一个类似于私人物品竞争性均衡的公共物品均衡模型，称为"林达尔均衡"。

1954年，萨缪尔森在《经济学与统计学评论》上发表了《公共支出的纯理论》一文；1955年，他在该期刊上又发表了《公共支出理论的图式探讨》。这两篇文章的相继发表，标志着萨缪尔森完成了对公共产品的经典定义，解决了公共产品理论的一些核心问题。作为第一个给予公共产品定义的经济学家，萨缪尔森对社会产品进行了严格区分，在划分公共产品和私人产品的同时还提出了纯公共产品的概念。此外，他还对公共产品和私人产品的最优化公共供给问题进行了比较分析，建立了公共产品和私人产品局部均衡模型，确定了两类产品的最优供给点。

根据萨缪尔森对公共产品的定义，公共产品的概念可以理解为：公共产品是相对于私人产品而言，具有消费或使用上的非排他性和非竞争性的产品。公共产品具有三大基本特征：一是非排他性，即此类产品在消费过程中所产生的利益不为某一消费者所专有，某消费者对它的使用不会排斥其他人对它的使用，它的消费不具有排他性；二是非竞争性，即对同一个公共品，消费者数量增加不会造成此产品生产成本的增加，每一消费者引起的社会边际成本为零，也就是说一些人对这一产品的消费不会影响其他人对它的消费，受益对象之间不存在利益冲突，它的消费不具有竞争性；三是非分割性，即公共产品是为全社会提供的，它的效用是全社会成员共同享用、共同受益的，其消费效用是不可分割的。关于公共产品的供给，通常情况下，满足非排他性和非竞争性的公共产品（或叫纯公共品）由政府或社会团体提供；私人产品由市场提供；而介于公共产品与私人产品之间，具有非排他性或非竞争性单项特征的混合产品（或者叫准公共产品）可以由政府或社会团体提供，也可以由市场提供。

在萨缪尔森完成公共产品的经典定义，形成公共产品理论后，美国经济学家马斯格雷夫、蒂鲍特和布坎南继续对公共产品理论进行研究，促进了该理论的进一步发展。20世纪50年代末，现代公共经济学的先驱——马斯格雷夫在其著作《财政学原理：公共经济研究》一书中第一次使用了"公共经济学"概念，并运用三分法将社会产品分为公共产品、私人产品和有益品三类，认为有益品是政府强制消费的产品。布坎南提出了"俱乐部产品"概念，把一些人能消费，而另一些人被排除在外、不能消费的产品界定为"俱乐部产品"，从"共同拥有"产品的角度研究了产品的集体供给方式，得出俱乐部产品可以涵盖所有产品类别，达到规模最优，从而解决了公共产品的复杂性问题。蒂鲍特则是最早在理论上阐述地方财政竞争思想的经济学家，他在1956年发表的《地方支出的纯粹理论》中提出了"以足投票"理论，同时表明，分权决策可以自动实现地方公共物品配置上的帕累托效率。

### 2.1.2 外部性理论

外部性亦称外部成本、外部效应（Externality）或溢出效应（Spillover Effect），是指某个经济主体（个人消费或企业生产活动）对另一经济主体（个人的效用或企业的生产活动）产生的原非本意的正的影响或负的影响。如果人们的行为对他人产生的影响是有益的，我们称正外部性（或称正的外溢、外部经济、正外部经济效应），此时的边际社会收益大于边际私人收益，边际社会成本小于边际私人成本；如果对他人的影响是不利的，则称为负外部性（或称负的外溢、外部不经济、负外部经济效应），此时边际社会收益小于边际私人收益，边际社会成本大于边际私人成本。

外部性理论是经济学的重要理论。该理论由经济学家马歇尔提出，经过庇古、科斯的发展，成为新古典经济学的重要研究范畴，也是新制度经济学的重要研究内容。

1890 年，马歇尔在发表的《经济学原理》中分析企业扩大生产规模的两大原因时，第一次提到了"外部经济"和"内部经济"两个概念，他认为企业扩大生产规模"一是有赖于这工业的一般发达的经济"（即外部经济），"二是有赖于从事这工业的个别企业的资源、组织和效率的经济"（即内部经济）。他得出了"第一，任何货物的总生产量之增加，一般会增大这样一个代表性企业的规模，因而就会增加它所有的内部经济；第二，总生产量的增加，常会增加它所获得的外部经济，因而使它能花费在比例上较以前少的劳动和代价来制造货物"① 的结论，之后外部性理论开始快速发展起来。

1920 年，庇古在《福利经济学》一书中运用边际分析方法，从社会资源最优配置角度出发，提出了边际私人净产值和边际社会净产值，私人边际成本和社会边际成本的概念。对外部性问题，庇古提出通过"庇古税"来实现外部性内部化，即政府应对边际私人收益小于边际社会收益的部门实施补贴，对边际私人成本大于边际社会成本的部门进行征税，使社会福利达到最大化状态。庇古扩充了马歇尔的"外部经济"概念，正式建立了外部性理论。他从福利经济学的角度系统地剖析了外部性问题，提出了用税收和补贴两种手段实现外部性内部化。

1960 年，科斯在其论文《社会成本问题》中以"庇古税"为背景，针对"庇古税"的"单向性"，提出了外部性的"相互性"。他提出了"科斯定

---

① 马歇尔. 经济学原理 [M]. 廉运杰，译. 北京：华夏出版社，2005.

理"，试图通过市场方式解决外部性问题。科斯认为对理性经济人来说，由于协商的交易费用为零，在产权明确界定的情况下通过自愿协商就可以解决外部性问题，得到最优方案，达到帕累托最优，此时，政府既不需要介入，也不需要税收和补贴手段，庇古提出的政府干预在这种情况下是没有必要的；在交易费用不为零时，政府干预是有必要的，但需要比较各种政策手段的成本收益来确定采取市场化的解决方案还是政府干预方案。"科斯定理"实现帕累托最优的前提条件是协商成本为零、产权自由交换、自愿协商，但这些条件在实际生活中很难满足。比较而言，庇古理论蕴含的"谁污染、谁治理"的原则，更能体现产权正义，也更符合现实经济的运行。

### 2.1.3 公共财政理论

公共财政理论认为由于存在市场失灵，必须靠市场以外的力量——政府来弥补市场的缺陷，通过财政收支，集中社会资源，提供市场不能提供但必须满足公共需求的公共产品。

公共财政理论发展的源头可以追溯到 18 世纪 70 年代。1776 年，西方经济学鼻祖亚当·斯密发表《国富论》。书中提出了国家税收要坚持的"公平、确定、简便和征收费用最小"四原则和国家在支出方面要遵循"量入为出"的准则，并提出财政追求的最高目标应是廉价政府。这部著作被恩格斯认为"创立了财政学"[①]。

20 世纪 30 年代，西方国家经历了世界经济危机。针对经济危机出现的市场自由支配出现的系列问题，经济学家凯恩斯提出只有依靠政府才能改正市场的缺点。他强调财政的作用，认为财政支出可以形成社会有效需求，弥补自由市场的有效需求不足。"财政学派"由此诞生。

20 世纪 70 年代，西方国家出现了"滞胀"。以弗里德曼为代表的众多经济学家认为国家干预抑制了市场活力，"财政最重要"政策受到攻击。以布坎南和图洛克为首的经济学家把财政作为公共部门经济，从市场失灵理论角度研究了公共产品问题，并根据公共产品的特性[②]进一步提出此类产品难以进行市场交易，需要政府介入且在政府介入后公共支出将不断膨胀。

1959 年，现代财政学之父马斯格雷夫在其经典著作《财政学原理》中对

---

[①] 恩格斯曾指出：亚当·斯密"在 1776 年发表了自己关于国家财富的本质和成因的著作，从而创立了财政学"。

[②] 布坎南等认为公共产品具有两个内在特性：一是公共产品需求的收入弹性大于 1；二是公共资本存量与私人资本存量之间有一种密切的内在函数关系。

政府如何配置资源和满足各种社会需求进行了深入的分析，认为政府有重要的经济作用，并把政府的经济作用或财政的职能分为资源配置、收入分配和宏观经济稳定三种。

根据公共财政理论成果，可以对公共财政概念及内涵做出明确的描述。公共财政是国家或者政府为全社会提供公共物品和公共服务的分配行为，它既是一种与市场经济相对应的财政类型，也是与市场经济相适应的财政模式。它具有公共性、法制性、非营利性、调控性的特征。

（1）公共性。

公共财政把满足社会公共需要作为国家财政活动的主要目标或基本出发点，需要为全社会提供公共产品和公共服务。在此目标的指导下，一切公共财政支出活动的安排都是围绕社会公共需要来进行公共性支出。

（2）法制性。

财政职能作为国家的一种职能，是由政府直接进行的。在市场经济条件下，政府的各项活动是通过立法程序规定，受到法律的约束的。因此，一切政府的财政活动也具有法制性。

（3）非营利性。

营利性是市场机制下私人参与市场活动的动力来源。对具有弥补市场机制失效功能的公共财政来说，一切活动都以满足全社会的公众需要为目的，具有非营利的特征。

（4）调控性。

公共财政是政府进行宏观经济调控的一个重要手段。根据经济体的不同运行情况，政府会实施积极或稳健的财政政策，实现对宏观经济的调控。

公共财政的基本职能体现在三个方面：资源配置、收入分配和稳定经济。

（1）资源配置职能。

资源配置是将有限的社会资源组合起来，达到优化结构的目的。资源配置的最终目标是通过资源的最优组合，产生最大的社会效益和经济效益，实现最优配置。在市场经济条件下，市场这只"无形的手"在资源配置中起着基础性作用，但由于市场失灵，市场无法实现最优的资源配置，因此需要借助政府这只"有形的手"在市场失效的领域发挥作用，达到资源的最优配置。

资源配置职能是政府为了弥补市场缺陷，通过税收、财政收入、财政支出等手段，引导社会资金流向，为社会提供公共产品或服务，对全社会的资源进行合理配置，以实现最大的社会经济效益。

（2）收入分配职能。

收入分配职能是政府运用税收、财政收支、转移支付（如：社会保障支出、救济支出和补贴）等手段，将社会财富对社会成员之间初次分配的结果进行再调节，实现公平的收入分配。

在市场化条件下，社会财富在社会各成员之间的初次分配是根据个人财产多少与对生产所做的贡献大小来进行的，这种分配方式有利于提高效率，但会造成社会成员间过大的收入差异，拉大贫富差距，造成过高的基尼系数，不利于社会的公平与和谐。为形成合理的收入分配格局，政府需要对初次分配结果进行再分配，在实现经济公平的同时维护社会公平。

（3）稳定经济职能。

稳定经济职能是通过财政政策的实施，实现充分就业、物价稳定、经济增长与国际收支平衡等目标。根据宏观经济状况的运行情况，政府采取相机抉择的财政政策来调节经济。当社会总供给大于社会总需求时，采用增加财政支出和减少税收的扩张性财政政策，来增加总需求，防止经济衰退；当社会总供给小于社会总需求时，采用减少财政支出和增加政府税收的紧缩性财政政策，来抑制总需求，防止通胀。在总供给和总需求基本平衡，但结构性矛盾比较突出时，实行趋于中性的财政政策。

此外，公共财政还具有监督管理、支持创新、培育市场、保持经济稳增长等职能。

就我国改革开放 40 年的实践历程来看，伴随着我国经济从计划型向市场型的转化，我国财政体制也在不断完善。1992 年，党的十四大的召开确立了我国经济体制改革的目标是建设社会主义市场经济。随着我国经济体制改革目标的确立，财政学界开始认识西方公共财政理论，探索我国公共财政改革的方向。1998 年，全国财政工作会议提出要在我国建立公共财政基本框架的目标。在此基础上，财政部在 1999 年明确提出要在我国建立公共财政框架。2000 年，在党的十五届五中全会上，明确了"十五"时期财政改革的重要目标是在我国建立公共财政框架。2003 年，在党的十六届三中全会上，提出要"健全公共财政体制"。2007 年，党的十七大报告提出要"完善公共财政体系"。2012 年，党的十八大报告指出要"完善促进基本公共服务均等化和主体功能区建设的公共财政体系"。2017 年，党的十九大报告进一步提出要"加快建立现代财政制度，建立权责清晰、财力协调、区域均衡的中央和地方财政关系"，为国家现代财政制度建设指明了前进方向。随着公共财政体制的完善，我国公共财政理念已经深入人心，公共财政体制框架已逐步建立起来，我国的公共财政改革和建设已经取得了重大成效。

### 2.1.4 投资乘数理论

投资乘数理论是在乘数理论的基础上发展起来的。乘数理论最早是由英国经济学家卡恩在《国内投资与失业关系》中提出的，他用新投资引起的就业总量与新投资直接引起的初始就业量之比来表达乘数的概念，以说明新投资对就业的刺激作用。在这之后，英国著名经济学家约翰·梅纳德·凯恩斯（John Maynard Keynes，1883—1946 年）在《就业、利息和货币通论》中用乘数理论来说明投资变化和收入变化的关系，进一步完善了乘数理论。我们把凯恩斯的乘数理论称为投资乘数理论。该理论对西方国家制定经济政策有重要的指导作用。

经济学中的乘数原理指的是经济中某一变量的变化经过一系列连锁反应后引起的另一相关变量成倍数的变化。乘数原理是现代宏观经济研究中的重要分析工具，在凯恩斯经济学理论和政策主张中占据重要地位。凯恩斯定义的投资乘数是，"当总投资量增加时，所得收入增量将 k 倍于投资增量"（凯恩斯，1981）。这里的 k 指的就是投资乘数。

凯恩斯的投资乘数理论是在社会总收入与总消费一定的基础上，基于边际消费倾向而产生的宏观投资理论。他的投资乘数理论认为：在一定的边际消费倾向下，新增加的一定量的投资经过一定时间后，可以带来收入与就业量数倍的增加，或者导致数倍于这笔投资的国民收入的增加。

所谓边际消费倾向是指收入与消费之间存在的一种比例关系，用 $MPC$ 表示，边际消费倾向（$MPC$）= 消费增量/收入增量，即：$MPC = \triangle C / \triangle Y$，取值范围为 [0，1]。意思是：随着收入的增加，边际消费倾向是递减的，也就是说，消费支出是随着收入的增加而增加的，但是消费支出增加的幅度小于收入增加的幅度。

投资乘数理论用数学公式表达为：

$$\triangle Y / \triangle I = K \tag{2.1}$$

由于在两部门经济中，有：

$$Y = C + S$$

（$Y$——国民收入；$C$——消费；$S$——储蓄）

转换为两部门经济中产品市场均衡条件是投资 $I$ 等于储蓄 $S$，即：

$$Y = C + I$$

两边增量为：

$$\triangle Y = \triangle C + \triangle I \tag{2.2}$$

对式（2.2）两边同时除以 $\triangle Y$，得到：

$$1 = \triangle C / \triangle Y + \triangle I / \triangle Y$$

整理得到：

$$\triangle I / \triangle Y = 1 - \triangle C / \triangle Y$$

用 1 除以 $\triangle I / \triangle Y$，得到：

$$\triangle Y / \triangle I = 1 / (1 - \triangle C / \triangle Y) \tag{2.3}$$

将式（2.1）代入式（2.3），得到：

$$K = 1 / (1 - \triangle C / \triangle Y) \tag{2.4}$$

再把式（2.4）带入式（2.3），得到：

$$\triangle Y / \triangle I = K$$

则有：

$$\triangle Y = K \cdot \triangle I \tag{2.5}$$

式中：

$\triangle Y$——新增的国民收入，$K$——投资乘数，$\triangle I$——新增的投资

式（2.5）要表达的含义是：当总投资增加时，国民收入的增量将是投资增量的 $K$ 倍。

以上便是凯恩斯乘数理论所要表达的内容，该理论表明：投资尤其是政府财政投资会对经济发展产生巨大的效应，许多国家在制定宏观经济政策时常常把投资乘数作为政府投入某行业能使该行业产生多大效果的重要参考依据。因而，在解决经济社会发展过程中遇到的问题时，很多政府的做法是采用增加政府投入或补贴的扩张性财政政策来刺激社会经济或行业内经济的发展。比如为使经济增长，采取加大对公共物品的投入和供给的措施就是运用投资乘数理论的实践。

凯恩斯认为，当存在私人投资不足的情况时，政府可以通过增加财政支出、扩大公共工程建设投资等方式来弥补私人投资的不足，促进经济的快速平稳发展。但是，从长期来看，一味增加政府的支出又会产生挤出效应，使私人投资减少。在投资乘数越大时，产生的挤出效应越大。所以，在运用投资乘数效应时，应充分考虑投资的环境和投资质量。一般来说，从一个行业的运行轨迹来看，政府投资在行业的发展初期作用是巨大的，不仅能有效推动新兴产业的发展，还对私人投资产生示范效应，带动资本的进入，从而促进行业的快速发展。

按照凯恩斯投资乘数理论观点，对 CCUS 的发展来说，在该技术发展的初期阶段，政府投资会发挥巨大效用，这就需要政府发挥公共财政的支持作用，

加大财政支出和政府直接投资力度，同时带动私人资本的进入，促进 CCUS 的快速发展。随着 CCUS 技术的不断推广和成熟，到了该技术发展的中期或后期阶段，私人资本投资份额增大，考虑到政府投资产生的挤出效用，这时政府应慢慢从该领域中逐步减少投资，让行业过渡到市场中去，由市场决定它的发展。

### 2.1.5　税收原则理论

税收是国家为了满足社会公共需要，依据其社会职能，按照国家法律规定，参与社会产品的分配，并强制、无偿地取得财政收入的一种规范形式。它表现了国家与纳税人在征税、纳税和利益分配上的一种特殊关系，具有财政的职能（或称收入职能）、经济的职能（或称调节职能）和监督的职能。税收的核心问题是如何使税收关系适应一定的生产关系的要求。

税收原则理论起源于 17 世纪，英国古典政治经济学创始人、统计学家威廉·配第在所著的《赋税论》和《政治算术》中第一次提出了税收原则。1773 年，经济学鼻祖亚当·斯密在其代表作《国富论》中提出了著名的税收四原则：平等原则、确定原则、便利原则、经济原则。19 世纪，瓦格纳提出了"四端九项"原则：财政政策原则（收入充分原则、收入弹性原则）、国民经济原则（税源选择原则、税种选择原则）、社会公正原则（普遍原则、平等原则）、税务行政原则（确实原则、便利原则、节约原则）。

作为公共财政收入形式，税收的作用是在市场失灵时为纯公共产品或服务领域发挥作用，以补偿政府提供纯公共物品或服务所发生的费用。但是，政府提供的准公共物品或服务所产生的费用不能全部由税收进行补偿，否则会加重全社会成员的负担，导致社会经济效率低下。

## 2.2　CCUS 纳入公共财政体系的理论分析

公共财政是满足公共需要而进行的政府财政收支活动。鉴于 CCUS 在大规模减排、国家地位中体现出的重要作用，政府需要将其纳入公共财政的重点支持范畴；此外，CCUS 的公共产品特征和外部性问题，导致市场在配置资源过程中出现失灵；目前 CCUS 发展中遇到的资金和技术的困难，都必须通过公共财政政策来矫正。因此，依靠公共财政的力量能保障 CCUS 的发展。

### 2.2.1 CCUS 的属性

#### 2.2.1.1 CCUS 具有准公共产品的特征

根据公共产品理论，准公共物品是介于私人物品和纯公共物品之间的混合产品。相对于纯公共物品而言，它的某些性质发生了变化。按照公共性的强弱可将准公共物品分为三类：接近纯公共物品的准公共物品、接近私人物品的准公共物品以及中间性准公共物品。

CCUS 是为了减缓温室气体排放，缓解全球气候和环境危机而新兴的一个行业，它的本质是把二氧化碳从排放地分离出来，运输到存储地进行封存，使二氧化碳与大气隔绝，达到有效减少碳排放的目的。从缓解温室气体排放的意义上讲，它的消费具有非排他性、非竞争性和非分割性，是纯公共品。具体体现在以下三方面：

（1）CCUS 减少了大气中的碳排放，使人们生活在新鲜的空气与和谐的自然环境中。它的消费过程中产生的利益由全人类共同占有，要将一些人排斥在消费过程之外，不让他们享受新鲜的空气是不可能的，具有非排他性。

（2）CCUS 改善了大气质量和环境，增加了人类的福利，发展 CCUS 产生的费用以及人类从中得到的好处不会因为人口的增加而改变，具有非竞争性。

（3）CCUS 是为抑制全球气候变暖而兴起的行业，实现的减少二氧化碳排放的效用由全人类共享，是不可分割的。

CCUS 在实现控制 $CO_2$ 温室效应、缓解气候危机的同时，还有一个功能是对 $CO_2$ 进行再利用，实现 $CO_2$ 的效应从负外部性向正外部性转化，一方面能将 $CO_2$ 作为生产系统副产品加以利用，另一方面能弥补 CCUS 的巨大费用。从这个意义上讲，它具有某些私人产品的性质，它的消费过程是充满排他性、竞争性的。

综合上述分析，可以看出：从改善人类生存的气候环境的角度来看，CCUS 是纯公共品；从 $CO_2$ 再利用方面显现的私人产品特征来看，CCUS 在这个环节表现为私人产品。因此，CCUS 的公共产品性质可以定义为：CCUS 是介于纯公共产品和私人产品之间的混合产品，即准公共品。

#### 2.2.1.2 CCUS 的发展目标具有明显的外部效应

联系外部性理论，CCUS 作为准公共品的发展目标具有明显的外部效应。CCUS 的发展目标及所体现的外部效应分析如下。

（1）CCUS 的发展目标。

顺应绿色低碳发展国际潮流，低碳发展已经成为我国经济社会发展的重大战略和生态文明建设的重要途径。在此背景下，我国发展 CCUS 主要有以下三个目标：

一是，作为有效控制温室气体排放的重要措施，发展 CCUS 能减少大气中的二氧化碳排放量，有利于缓解气候变暖进程，改善气候环境，保证可持续发展的人口、资源、经济、生态环境。发展 CCUS 是我国深度参与全球气候治理的主要体现，为维护全球生态安全做出的新贡献。

二是，对 $CO_2$ 进行再利用，体现在两个生产领域：①在实现二氧化碳封存项目中的 $CO_2$-EOR（二氧化碳驱替采油）、$CO_2$-EGR（二氧化碳驱替采天然气）、$CO_2$-ECBM（二氧化碳驱替采煤层气）等能有效提高油气田的采收率，既达到了封存部分二氧化碳的目的，又增加了化石能源的有效开采量，延长不可再生能源的使用年限，促进能源的可持续发展；②把 $CO_2$ 作为生产原料进行资源化和规模化再利用，最终将其转化为生产产品如化肥、二氧化碳降解塑料等出售给消费者，能获取利润弥补部分生产成本，为实现 CCUS 的商业化运用提供资金支持。

三是，作为碳存量治理最有潜力的和最具实效的减排手段，CCUS 是未来减少温室气体排放的重要战略选择，决定着未来世界减排技术市场的战略布局，有着让我国占领减排技术制高点的机遇，能极大提升我国低碳技术的竞争力，对发展低碳经济有重要的战略意义。同时保障着我国的能源安全，为我国经济发展和社会进步提供稳定的国际环境和政治保障。

（2）CCUS 发展目标的外部效应。

CCUS 项目的发展，既可能产生正的外部效应，又可能带来负的外部效应。

一方面，它具有以下的正外部效应：①CCUS 作为 $CO_2$ 减排不可缺少的重要手段，实现了我国温室气体减排目标，发挥着缓解气候变暖、净化空气、抑制极端天气状况、避免因气候恶化引起的环境和地质灾害、改善气候、美化自然环境的作用，有利于建立可持续发展的生态环境和人居环境，从而实现经济、社会的协调发展；②CCUS 项目中二氧化碳驱油技术的运用，极大提高了稠油油藏、煤层气和天然气的采收率，提高了能源利用效率，从一定程度上缓解着能源危机，促进我国能源的可持续发展；③CCUS 作为气候变化战略的重要措施，它的发展对于促进低碳经济发展，提升和展示国际政治地位具有至关重要的战略作用。

从上可知，CCUS 带来的好处并非由经营者独占，而是由整个社会共享，且它的价值不可估量。然而在 CCUS 的价值实现过程中，经营者从消费者处获得的报酬远远低于其生产成本，他们为自身创造的价值远低于给社会和他人创造的利益，造成成本大于收益的现象，产生了效益外溢问题。由于经营者不可能通过市场机制来补偿其生产成本，因而经营者生产积极性不高，进而导致资源配置的失衡。因此迫切需要政府公共财政资金的投入来弥补经营者的经济损失，最大限度地发挥生产积极性，保障 CCUS 的发展。

另一方面，CCUS 也会产生负的外部性，这主要表现在 CCUS 的应用过程中存在系列风险，比如：可能存在运输产生的 $CO_2$ 逃逸风险、地质封存中的 $CO_2$ 泄漏风险，这些风险可能影响生态环境，并对人类生命和健康产生直接威胁。面对负外部性，要让经营者承担全部损失是不可能的，因为他们不会对自己的行为付出代价，而受损者却得不到补偿，因此由负外部性造成的损失不可避免地需要全社会来承担。

### 2.2.2 市场机制在 CCUS 领域的失灵

CCUS 是一种准公共品，同时有明显的外部性特征，这些性质使市场机制在 CCUS 领域无法发挥有效作用，容易出现市场失灵现象。

（1）CCUS 的公共产品属性。

根据前面 CCUS 的属性分析，CCUS 具备缓解气候环境的纯公共产品特性，一般情况下私人无力介入或不愿介入，以等价交换为基础的市场机制无法发挥有效作用，存在大量"免费搭车"的现象，导致其出现了"公地的悲剧"。因此，当市场自我调节情况下无法解决公共产品外部性产生的资金缺口时，就需要由政府出面，建立一个能有效克服市场失灵、对 CCUS 生产资金实现补偿的公共财政机制，来弥补市场的失灵，实现 CCUS 的良性发展。

（2）CCUS 的外部性特征。

就外部性而言，根据前面 CCUS 外部性分析的结论，对 CCUS 的正的或负的外部效应，仅仅依靠市场机制的调节作用，将不会达到帕累托最优的状态，因此需要政府承担责任，建立适合 CCUS 健康发展的公共财政政策。

（3）CCUS 是全社会的公共需要。

根据 CCUS 的发展目标，它肩负着一些重要的使命：实现温室气体减排目标，改善人类气候环境；提高资源利用率，促进可持续发展；提升我国低碳技术竞争力，提升国际地位。这些职能体现了社会的共同利益，满足了全社会的公共需要。对于社会公共需要的产品，市场无法自发提供，只能依靠政府运用公共权力进行资源配置和扶持。

### 2.2.3 CCUS 的发展需要公共财政介入

根据公共财政理论，由于市场机制在 CCUS 领域的失灵，CCUS 的发展需要公共财政的支持。其原因体现在以下四个方面：

（1）CCUS 的负外部性需要公共财政的干预。

由于市场机制对 CCUS 的负外部性调节的失灵，需要公共财政从制定综合政策的角度，对项目从不同方面进行规范、引导和调节。

（2）CCUS 的正外部性需要公共政策的支持。

CCUS 项目是最具潜力的碳减排项目，参与企业所获得的私人收益小于社会收益，具有明显的外部性，加之项目本身成本高昂，收益在未来实现并且不可测定，使得企业在项目进行过程中动力不足。因此迫切需要政府公共财政政策的支持，发挥企业的积极性，推动 CCUS 的发展。

（3）公共财政政策是我国发展 CCUS，实现碳减排目标的有力工具。

我国已于 2009 年 11 月 26 日正式向世界公布我国的减排目标，即到 2020 年我国单位 GDP（国内生产总值）二氧化碳排放量将比 2005 年下降 40% ~ 45%。发展 CCUS 项目对实现这一目标意义重大。因此，必须通过公共财政政策工具对 CCUS 项目进行扶持，通过税收减免、政府投资等积极的财政政策，鼓励该项目的发展。

（4）公共财政政策工具的灵活性促进 CCUS 的发展。

公共财政政策工具极具灵活性，在促进 CCUS 发展的公共财政政策中，可以通过使用财政补贴、政府直接投资等直接支出的方式和采取税收优惠、税收微调等相机决策的政策支持 CCUS 项目的发展。

## 2.3 CCUS 纳入公共财政体系的现实必然性分析

### 2.3.1 CCUS 在我国应用的重要性

减少 $CO_2$ 排放量是应对当前气候变暖的重要途径。我国政府在《"十三五"控制温室气体排放工作方案》中提出了"到 2020 年，单位国内生产总值二氧化碳排放比 2015 年下降 18%，碳排放总量得到有效控制"[①] 的主要目标。在《巴黎协议》整体框架下要实现我国"十三五"低碳发展目标，为我国"2030 目标"打下坚实的基础，必须诉诸 CCUS 技术的广泛应用。根据 IEA 的 Blue Map 情景，2050 年世界二氧化碳排放总量应控制在 $240 \times 10^8$ 吨，其中

---

① 国务院关于印发"十三五"控制温室气体排放工作方案的通知［EB/OL］.［2016-11-06］. http://www.nhfpc.gov.cn/bgt/gwywj2/201611/fedb375105e140959e5e8dc2f1e4c1d0.shtml.

$140 \times 10^8$ 吨排入大气层，剩余 $100 \times 10^8$ 吨予以地质封存①。也就是说，2050年，近一半的二氧化碳减排量将依靠 CCUS 技术予以实现。可见，作为未来减缓温室气体排放的重要战略选择，CCUS 对实现大规模减排意义重大。

（1）CCUS 有利于实现温室气体减排目标，改善人类气候环境，建立人与自然和谐共生的文明社会。

我国是世界上最大的煤炭生产国、消费国，目前二氧化碳排放量仅次美国，居世界第二。根据预测，到 2025 年，我国的二氧化碳排放量将有可能居世界第一。作为一个负责任的大国，减少二氧化碳排放量，改善人类的生存环境，是我国政府的态度。CCUS 是二氧化碳减排技术中最有潜力的减排技术，可从根本上解决工业脱碳问题，是实现气候目标的最终解决方案，它的运用不但有利于实现我国温室气体减排目标，而且发挥着缓解气候变暖、净化空气、抑制极端天气状况、避免因气候恶化引起地质灾害、改善气候、美化自然环境的作用，有利于建立可持续发展的生态环境和人居环境，从而实现经济、社会的协调发展。此外，CCUS 的广泛应用有助于创建一个新的能源经济应用模式，具有促进经济增长、增加就业机会的潜能。

（2）CCUS 提高了资源利用率，有效保障能源安全，促进可持续发展。

在 CCUS 项目中二氧化碳驱油技术的运用，极大提高了稠油油藏、煤层气和天然气的采收率，提高了能源利用效率，从一定程度上缓解着能源危机，促进我国能源的可持续发展。此外，CCUS 技术有着可以减少使用化石能源造成的二氧化碳排放的优势，对我国以煤为主的能源结构来说，将 CCUS 与煤炭的转化和加工行业如煤制油、煤制气结合起来，对我国的能源安全起着积极的保障作用。

（3）CCUS 提升我国低碳技术竞争力，提升国际地位。

CCUS 是我国气候变化战略的重要措施，它的发展影响着未来世界减排技术市场的战略布局。当前国际 CCUS 技术还处于研发和早期发展阶段，我国CCUS 技术水平和国际水平差距不大，着力发展该项技术，加大对此项技术的研发和投资力度，致力于 CCUS 技术运用的研究，有助于把该技术作为我国未来应对气候危机的重要技术储备，有可能使我国占领国际减排技术的制高点，这将提升我国低碳技术竞争力，对提升和展示国际政治地位具有至关重要的战略作用。CCUS 技术的应用在对提高我国应对气候变化能力做出贡献的同时，

---

① 陈俊武，陈香生. 中国中长期碳减排战略目标初探（Ⅵ）——碳捕集与封存排放目标讨论 [J]. 中外能源，2011，16（10）：3.

还可能形成一个新的低碳经济增长点，在一定程度上改变我国在传统能源产业中的不利地位，为相关企业在国际市场的融合或领先创造机遇。

### 2.3.2 公共财政是 CCUS 项目发展的根本保证

公共财政是满足社会成员的公共需要而进行的财政收支活动，它规范了政府的行为，优化了政府的收支结构，确保了必要的政府开支。公共财政的投入主要集中在非营利性、公益性、满足社会成员公共利益的领域。

CCUS 项目满足了社会的公共需求，它的发展需要投入大量资金和政策支持，由于缺乏利益驱动，市场中的私人部门无法提供，只能由政府这只"看得见的手"运用公共财政政策发挥作用，充分解决 CCUS 发展资金需求的长效支持问题，为 CCUS 的发展提供根本保证。

（1）在资金保障方面。

CCUS 碳捕捉、运输、封存阶段需要高昂的投资成本，且使用资金的期限很长。据 IEA 预计，2020 年前全球需要发展 100 个 CCS 项目，额外投资达 540 亿美元。到 2050 年，全球开发的项目需达到 3 400 个，将需要额外投资 2.5 万亿~3 万亿美元。IEA 估计中国和印度在 2010—2020 年发展 CCUS 项目所需投入资金达 190 亿美金，而长期来看，2010—2050 年则需要发展资金 1.17 万亿美元。从减少温室气体排放的角度来看，CCUS 不直接产生经济效益，在市场经济条件下，以营利为目的的企业和个人对其能否获取利润产生担心，造成企业投资的动力不足，甚至不愿投资，只能依靠公共财政的大量投入才能保证 CCUS 的持续发展。

（2）在税收激励方面。

CCUS 项目中，电站的运行、运营商运输收益、碳利用部门的利润都会按照国家要求上交企业所得税。由于 CCUS 项目成本巨大，加之税收，会使得企业产生消极性，不愿意参加该项目的投资与研发。利用公共财政中税收理论，对这些企业实施减免税收政策，可以鼓励厂商进入该项目，刺激 CCUS 项目的大力发展。同时，如果根据情况，采取适当的"碳税"政策，对碳排放的企业征收一定额度的碳税，一方面可以补偿政府对 CCUS 项目的一部分财政投入，另一方面也可以激励碳排放量大的企业，如电站进行设备改造，积极参加到 CCUS 项目中，为温室气体减排做贡献。

（3）在技术扶持方面。

目前，我国 CCUS 技术还处于研发和示范阶段，在捕捉、运输、封存和再利用四个环节都存在不同程度的风险，特别是在运输和封存过程中要注意防止泄露问题。鉴于 CCUS 技术开发与应用是被动式的，企业在投入大量资金研发新技术、购买新设备、发展产业链的同时面临较大的市场风险。因此，在推进 CCUS 发展的过程中，政府必须发挥主导作用，通过财政与税收政策、科技扶持等激励措施，加大公共财政及相关政策的支持力度，适当减轻企业的成本压力，提高企业参与 CCUS 产业技术开发的积极性，加强技术的研发和提升。

（4）在公众接受度引导方面。

社会公众对 CCUS 的接受程度决定了该项目能否大规模实施。目前我国公众对 CCUS 的认识和理解处于不清晰阶段，对该项技术的发展前景还存在很多疑虑，这迫切需要政府的宣传，明确政策、法律法规和相应的运行体系，做到 CCUS 发展环节的信息对称，使所有生产者和社会公众都能拥有充分而准确的信息。

## 2.4　本章小结

本章在阐述与 CCUS 相关的基本理论的基础上，对 CCUS 纳入公共财政体系的理论性和现实必然性进行了分析，为 CCUS 公共财政政策的系统研究提供了理论和实践的铺垫。

本章首先介绍了公共产品理论、外部性理论、公共财政理论、投资乘数理论和税收原则理论；其次根据 CCUS 的准公共产品属性和发展目标具有明显外部效应的特征，从理论上分析了市场机制在 CCUS 领域失灵的原因，阐明了 CCUS 的发展需要公共财政介入的必要性，为将 CCUS 纳入公共财政体系研究提供了理论依据；最后从 CCUS 在我国应用的现实重要性角度出发，分析了公共财政为 CCUS 项目发展提供的根本保证作用，为将 CCUS 纳入公共财政体系找到了实践依据。由于市场无法自发解决公共产品问题，CCUS 的发展只能依靠政府这只"看得见的手"运用公共财政政策来发挥根本的保障作用。

# 3 我国公共财政支持 CCUS 发展的现状及问题分析

CCUS 技术系统主要由二氧化碳的捕捉、运输、利用以及封存四个环节组成。我国政府高度关注 CCUS 技术的发展，制定了系列的政策法规来促进 CCUS 的发展。但在总体上，我国 CCUS 技术还处于研发和示范阶段，政府对 CCUS 的公共财政支持主要还处于科研经费支持阶段，出现了 CCUS 投资主体单一、支持力度不够、政府扶持欠完善、公共财政支持制度及相关配置政策缺乏等一系列问题。

## 3.1 我国 CCUS 技术的发展概况

### 3.1.1 CCUS 技术流程介绍

CCUS 技术是指 $CO_2$ 从电厂等工业或其他排放源分离，经过捕集、压缩并运输到特定地点加以利用或注入储存层以实现被捕集的 $CO_2$ 与大气长期分离的技术。也就是说，CCUS 技术是在 $CO_2$ 排放前就对它进行捕捉，然后通过管道或船舶运输到新的生产过程进行提纯、循环再利用，或输送到封存地进行压缩注入地下并使其发挥有效作用的过程，达到二氧化碳资源化利用和彻底减排的目的，如图 3-1 所示。

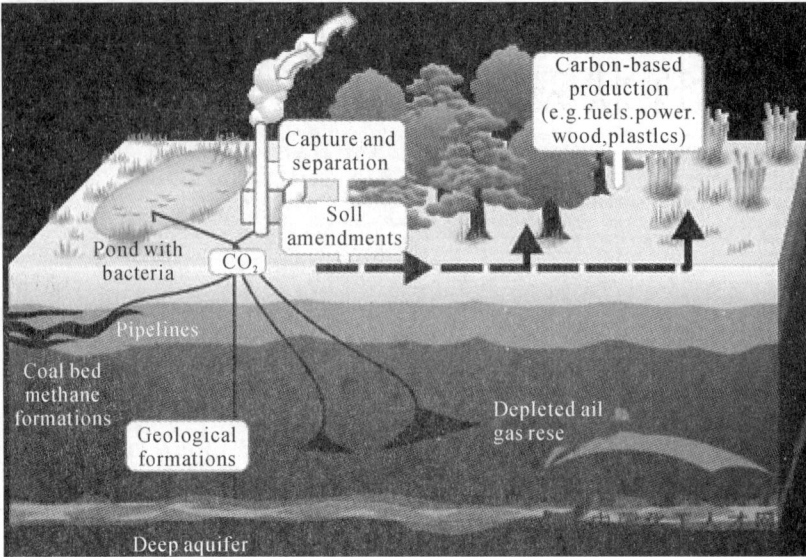

图 3-1　CCUS 系统流程图

（来源：http://image.baidu.com/i？tn＝baiduimage&ct＝201326592&lm＝-1&cl＝2&fr＝ala0&word
＝ccus%CF%B5%CD%B3%C1%F7%B3%CC%CD%BC）

CCUS 的实质是通过对 $CO_2$ 的捕捉，把 $CO_2$ 从气态转化为固态或液态，以阻止 $CO_2$ 进入大气层影响气候环境。这个过程实现了 $CO_2$ 的效应从负外部性向正外部性转化，它的价值体现在两方面：一是降低 $CO_2$ 温室效应，缓解气候问题带来的价值；二是在封存的同时对 $CO_2$ 进行再利用所产生的价值。根据 $CO_2$ 的不同形态构成阶段，CCUS 技术系统分为四个阶段，即 $CO_2$ 捕捉阶段、$CO_2$ 运输阶段、$CO_2$ 封存阶段、$CO_2$ 利用阶段（如表 3-1 所示）。

表 3-1　　　　　　　　　　　CCUS 系统的构成

| $CO_2$ 处理过程 | 产业部门 | $CO_2$ 处理技术 |
|---|---|---|
| $CO_2$ 捕捉阶段 | 电力、化工、钢铁、煤炭等行业 | 燃烧后分离、燃烧前分离、富氧燃烧 |
| $CO_2$ 运输阶段 | 运输业 | 管道运输、公路罐车、铁路罐车、船舶运输 |
| $CO_2$ 封存阶段 | 石油、煤炭、地质等行业 | 地质封存、海洋封存、森林和陆地生态系统封存 |
| $CO_2$ 利用阶段 | 石油、煤炭、饮料、化工等行业 | $CO_2$-EOR、$CO_2$-ECBM、饮料、化肥生产、二氧化碳降解塑料等 |

（1）碳捕捉。

$CO_2$ 的捕捉是 CCUS 技术的第一阶段，该阶段是把发电厂、化工生产、钢铁制造、矿物制造等具有规模大、排放 $CO_2$ 浓度高、靠近封存地等特征的工业生产和燃料处理部门作为捕捉 $CO_2$ 的排放源，从中分离、收集 $CO_2$，并将 $CO_2$ 净化和压缩的过程。在 $CO_2$ 的排放源中，发电厂是最大的来源部门，国内外多数二氧化碳捕捉都集中在发电厂，因此可以把发电厂作为碳捕捉的代表行业（本书的研究主要集中在发电厂，亦称电站）。在这个阶段使用的三种碳收集技术中，燃烧后分离、燃烧前分离两种技术已较为成熟，富氧燃烧尚处于示范阶段。三种捕捉方式的比较如表 3-2 所示。

表 3-2 碳捕捉方式比较

| 碳捕捉方式 | 优点 | 缺点 | 成本（美元/吨 $CO_2$） |
|---|---|---|---|
| 燃烧前捕捉 | 能量损失和投资成本较小；$CO_2$ 和 $H_2$ 的混合物容易分离；可作为 IGCC（整体煤气化联合循环发电系统）和多联产系统使用；经济性好 | 主要用于新电厂；需要更多的辅助系统 | 13~37 |
| 燃烧后捕捉 | 可用于大部分现有燃煤电站；系统原理简单，对现有电站继承性好 | 烟气体积流量大，$CO_2$ 的分压小，脱碳过程能耗较大；投资设备和运行成本高，捕捉成本高 | 29~51 |
| 富氧燃烧 | 有降低设备造价的潜力；风险性低，即使出现故障也能保证连续发电；对现有电站继承性好 | 低温 $CO_2$ 生产成本昂贵；绝热燃烧温度高，电厂材料大部分不满足要求 | 21~50 |

（2）碳运输。

$CO_2$ 运输是 CCUS 技术的第二阶段，是连接 $CO_2$ 排放源和封存地（利用地）的纽带。这一阶段的任务是将分离后的 $CO_2$ 在经过第一阶段的液化、压缩、提纯后，通过管道、船舶、罐车等运输方式从收集地运输到存储地或者使用部门。其中，管道运输压缩的气体形式的 $CO_2$ 是当前的主要运输途径，在海运便利的地方，通过船舶运输液态 $CO_2$ 是一种更经济的输送方法。此外，液体形式的 $CO_2$ 还可通过公路罐车和铁路罐车的方式运输。四种运输方式的比较如表 3-3 所示。

表 3-3                     碳运输方式比较

| 碳运输方式 | 优点 | 缺点 | 适用条件 |
|---|---|---|---|
| 公路罐车运输 | 适用于较小规模、近距离、目的地较分散的场合 | 需考虑 $CO_2$ 的蒸发与泄漏 | 运输量较小的 $CO_2$ 运输 |
| 铁路罐车运输 | 适用于较大规模、距离较远、可靠性较高 | 运输调度和管理复杂、受铁路线路的限制 | 运输量大、运输距离远且管道运输体系还未建成时 |
| 管道运输 | 最广泛的大规模运输 | 管道建造成本高 | 大规模、长距离，负荷稳定的定向输送 $CO_2$ |
| 船舶运输 | 运输方向灵活、运输距离远；成本与管道运输相当 | 需考虑 $CO_2$ 的蒸发与泄漏 | 远距离、大规模水路运输 |

（3）碳封存。

$CO_2$ 封存是 CCUS 技术的第三阶段，该阶段是为了减少大气中的 $CO_2$ 含量，把运输到储存地的 $CO_2$ 注入地下盐水层、衰竭油气藏、煤层、深海海底等地质结构，将它长期封存在生物圈、地下构造或海洋中。目前潜在的封存技术有：地质封存（注入石油和天然气田、不可开采的煤田以及深部咸水层）、海洋封存（直接释放到海洋水体中或海底）、森林和陆地生态系统封存以及通过化学反应将 $CO_2$ 固化成无机矿物性碳酸盐。一般而言，地质封存是应用最广泛的封存技术；而把 $CO_2$ 转化为无机碳酸盐的技术几乎能达到永久性的封存，只是这方面的技术尚处于研究阶段，其经济可行性和减排效率存在很大的不确定性。

（4）碳利用。

在封存过程中实现对 $CO_2$ 的再利用，是 CCUS 技术的第四阶段。这一阶段可以创造一定的经济效益，能补偿在碳捕捉、碳运输、碳封存过程中所耗费的一部分支出，有降低 CCUS 技术成本的作用。碳利用最有效的方式是二氧化碳驱油，它能实现封存与油田强化驱油（EOR）、驱煤层气（ECBM）相结合。它把 $CO_2$ 注入油层或煤气层，既能封存一部分 $CO_2$，又能提高油田（煤层气）采收率，降低 CCUS 的总成本。此外，还可以把 $CO_2$ 作为生产原料进行资源化和规模化利用，用于合成高纯一氧化碳、化肥生产、饮料添加剂、食品保鲜、灭火器、合成可降解塑料等制药、饮料和化工行业[1]。

---

[1] 中国 21 世纪议程管理中心. 碳捕集、利用与封存技术进展与展望 [M]. 北京：科学出版社，2012：52-97.

### 3.1.2　CCUS 技术发展与项目进展情况

目前，全世界范围内规划和在建的规模化碳捕捉项目超过 40 个，主要集中在欧洲、北美和澳大利亚。由于电力是 CCUS 大规模应用的主要部门，因此大部分集中在电力项目。而全球范围内规划和在建的大型碳封存项目超过了30 个，主要集中在北美。这些项目几乎都采用陆地封存，多数是 $CO_2$-EOR 项目，即把二氧化碳注入地下以提高油气藏采收率。根据 2017 年 11 月联合国波恩气候大会发布的年度全球 CCS 现状报告，投入运行的大规模碳捕集和储存项目数量已上升到 17 个，另有 4 个项目点预计将在 2018 年投产。这些正在运行或建设中的碳捕集和储存项目分布于澳大利亚、巴西、加拿大、中国、挪威、沙特阿拉伯和阿拉伯联合酋长国；规模较小的项目则位于欧洲、印度尼西亚、日本、韩国和墨西哥。

近年来，我国在 CCUS 方面也开展了大量工作，与英国、美国、澳大利亚等国建立了合作关系，在碳捕捉技术的燃烧后捕捉方面处于国际较为领先的水平。CCUS 系统的技术发展现状如表 3-4 所示。

表 3-4　　　　　　　　　　CCUS 系统的技术发展现状

| $CO_2$ 处理过程 | CCUS 技术 | 世界发展阶段 | 中国发展阶段 |
|---|---|---|---|
| 捕捉 | 燃烧后 | 3 | 3 |
| | 燃烧前 | 3 | 1 |
| | 富氧燃烧 | 2 | 1 |
| | 工业分离 | 4 | 3 |
| 运输 | 管道 | 4 | 1 |
| | 船运 | 3 | 1 |
| 地质封存 | $CO_2$-EOR | 4 | 3 |
| | $CO_2$-ECBM | 2 | 2 |
| | 盐沼池构造 | 3 | 1 |
| 海洋封存 | 直接注入 | 1 | 1 |
| 碳酸盐矿石 | 天然硅酸盐矿石 | 1 | 1 |
| | 废弃燃料 | 2 | 1 |
| $CO_2$ 的工业利用 | | 4 | 3 |

表中数字代表："1"为研究阶段；"2"为示范阶段；"3"为在一定条件下经济可行；"4"为成熟化市场。

从表 3-4 可知，我国 CCUS 技术发展水平相对于世界发展水平还处于早期发展阶段，除了燃烧后捕捉技术有了较大的突破外，其他各项技术都处于发展初期阶段。为了实现碳减排的目标，我国政府十分重视 CCUS 技术的研发和推广活动。在我国政府主导下，企业及高校和科研机构逐渐重视 CCUS 的发展，并开展了一些研发和示范项目，具体有三类，分别是：CCUS 国家科技计划相关项目、CCUS 示范项目、CCUS 国际科技合作项目。

（1）CCUS 国家科技计划相关项目。

"十五"以来，国家科技部通过国家重点基础研究发展计划（"973"计划）、国家高技术研究发展计划（"863"计划）和国家科技支撑计划，围绕 CCUS 系统构成的各个环节进行相关科学理论和技术开发研究。

"973"计划在"十一五"期间开展了"温室气体提高石油采收率的资源化利用及地下埋存"项目。该项目由中石油科学技术研究院、中科院地质与地球物理研究所、北京大学、中国石油大学（北京）、华中科技大学、清华大学、中国石油吉林油田分公司等单位合作承担，以"高效利用温室气体提高原油采收率，在实现 $CO_2$ 减排的社会效益过程中获得巨大的经济利益"为目标，对 $CO_2$ 地下埋存和 $CO_2$ 驱油的储层地质学问题、$CO_2$ 驱油和埋存过程中的物理化学问题、$CO_2$ 驱油过程中的非线性渗透力学问题、$CO_2$ 捕集与工程防腐的问题进行基础性研究。"十二五"期间，"973"计划继续进行"$CO_2$ 减排、储存与资源化利用的基础研究"项目。"十三五"开局之年，国家"973"计划通过"超临界二氧化碳强化页岩气高效开发基础""基于半导体人工光合成的二氧化碳能源化研究"项目。

"863"课题进行的系列 CCUS 技术研究项目有"$CO_2$ 的捕集与封存技术""$CO_2$ 驱油提高石油采收率与封存关键技术研究"" $CO_2$-油藻-生物柴油关键技术研究""基于 IGCC 的 $CO_2$ 捕集、利用与封存技术研究与示范"等。

国家科技攻关计划围绕 CCUS 的各个环节部署了一些项目，如："30 万吨煤制油工程高浓度 $CO_2$ 捕集与地质封存技术开发与示范""高炉炼铁 $CO_2$ 减排与利用关键技术开发"等。此外，国家"大型油气田及煤层气开发"重大科技专项围绕 CCUS 与油气田开发技术的结合也安排了一系列项目，包括"含 $CO_2$ 天然气藏安全与 $CO_2$ 利用技术""松辽盆地 $CO_2$ 火山岩气藏开发及利用示范工程"等。

（2）CCUS 示范项目。

在国家科技政策的引导下，我国企业、科研机构、高校围绕 CCUS 系统的各个环节开展了相关的示范项目，包括 $CO_2$ 捕集、$CO_2$ 资源化利用、$CO_2$ 封存以及全流程技术整合与示范四个方面。主要项目有华能集团 3000 吨/年 $CO_2$ 捕集实验装置和 10 万吨/年捕集示范项目、华中科技大学富氧燃烧技术研发与中试项目、天津大学膜法捕集 $CO_2$ 技术及工业示范项目、中石化胜利油田燃煤电厂 3 万吨/年 $CO_2$ 捕集与 EOR 示范项目、神华集团 10 万吨/年 的 CCS 示范工程、中国华能绿色煤电 IGGC 电站示范工程、北京热电厂烟气 CCS 示范工程、上海石洞口第一电厂 $CO_2$ 捕捉项目、内蒙古鄂尔多斯市煤制油示范工程 CCS 项目、中电重庆双槐电厂 1 万吨/年碳捕集示范项目、华润海丰电厂碳捕集测试平台 EPC 总承包项目等。

（3）CCUS 国际科技合作项目。

近年来，在多边或双边合作框架下，我国与欧盟、澳大利亚、美国等的相关机构开始了 CCUS 技术的项目合作。合作形式除了政府与政府合作，还有政府与企业、企业与企业、科研机构与企业合作等。

比较有代表性的合作项目有中英煤炭利用近零排放发电技术合作项目（NZEC）、中欧 CCS 技术合作项目（COACH）、碳捕集与封存政策法规研究项目（STRA $CO_2$）、中澳 $CO_2$ 地质封存合作项目（CAGS）等。除了以上项目外，我国与英国 CCS 研究中心和苏格兰 CCS 中心共同发起建立了中英（广东）CCUS 中心；我国与欧盟和美国分别筹建了清洁能源中心，即"中欧清洁能源中心"和"中美清洁能源联合研究中心"，两个中心均把 CCUS 作为一项重要研究领域。

国际间的科技合作加速了我国 CCUS 技术研发的进程，增进了我国与掌握 CCUS 技术先进国家间的交流，有利于我国 CCUS 的全面推广和实施。

## 3.2　我国公共财政支持 CCUS 发展的基本情况

由于 CCUS 具有公共产品的性质，它的发展目标又具有明显的外部性，因此，对该技术的公共财政扶持既是政府的职能，也是政府推动 CCUS 发展的物质力量和确保 CCUS 发展的重要保障。现阶段，我国政府对 CCUS 发展的财政扶持主要体现在政策支持和财政投入两方面。

### 3.2.1　CCUS 政策支持情况

我国是《联合国气候变化框架公约》和《京都议定书》的缔约方，作为非附件Ⅰ国家①，我国不需要完成约束性的减排指标。但是作为世界上最大的碳消费国，在能源安全和经济发展的背景下，我国以负责任的态度参与了应对气候变化的行动。

2009年11月，我国政府确定了控制温室气体排放的政策目标：到2020年我国单位国内生产总值二氧化碳排放比2005年下降40%～45%，以此作为约束性指标纳入国民经济和社会发展中长期规划，并制定相应的国内统一的统计、监测、考核办法，同时要求这一行动目标主要靠降低能源消耗来实现。

为了实现我国政府制定的减排目标，我国积极开展碳减排的研发活动，并把CCUS看作是未来温室气体减排的潜在选择措施，逐步增加CCUS的相关活动。自2005年12月我国科技部签署一项CCS备忘录开始，我国政府相继出台了多个关于技术的政策文件来引导CCUS的发展。比如：2006年2月9日国务院发布的《国家中长期科学和技术发展规划纲要（2006—2020年）》，2007年6月4日国务院发布的《中国应对气候变化方案》，2007年6月15日国家科技部发布的《中国应对气候变化科研专项行动》，2011年7月4日国务院新闻办发布的《国家"十二五"科学和技术发展规划》，2014年9月19日国家发展改革委印发的《国家应对气候变化规划（2014—2020年）》，2016年8月8日国务院印发的《"十三五"国家科技创新规划》，2016年11月4日国务院印发的《"十三五"控制温室气体排放工作方案》，2017年4月27日科技部、环保部、气象局联合印发《"十三五"应对气候变化科技创新专项规划》（见附录1）等都将CCUS技术列为重点支持、集中攻关和发展的减缓气候变化重点技术，积极引导CCUS技术的研发和开展示范项目。

2011年9月，科学技术部社会发展科技司和中国21世纪议程管理中心完成了一部关于发展CCUS技术的定位、发展目标、研究重点和示范部署策略的报告——《中国碳捕集、利用与封存技术发展路线图》。该报告较为系统地评估了我国CCUS技术的发展现状，提出了我国CCUS技术发展的愿景、未来20年的技术发展目标和各阶段应优先开展的研发与示范行动，并对中国全流程CCUS示范部署、研发与示范技术政策和产业化政策研究等提出了建议。2013年2月，我国科技部印发《"十二五"国家碳捕集利用与封存科技发展专项规

---

① 附件Ⅰ国家，指的是同意限制其温室效应气体（Greenhouse Gas，简称GHG）排放的40个国家及《联合国气候变化框架公约》（United Nations Framework Convention on Climate Change，简称UNFCCC）附件Ⅰ所载列的欧洲经济共同体国家。其他不履行公约的国家即非附件Ⅰ国家。根据公约第4.2（a）和4.2（b）款，附件Ⅰ国家承诺2000年前单独或联合将温室气体排放控制在1990年的水平。

划》。这是一部正式的关于发展 CCUS 技术发展专项规划的纲领性文件，对 CCUS 技术发展做出了详细的部署，为 CCUS 技术指明了发展目标、发展方向和重点任务，推进了 CCUS 技术的研发和示范，是我国 CCUS 技术发展的行动指南。2016 年 6 月 20 日，当时的环境保护部印发《二氧化碳捕集、利用与封存环境风险评估技术指南（试行）》，规定了 CCUS 项目环境风险评估的原则、内容和框架性的程序、方法、要求等，为 CCUS 项目开展提供重要保障。

此外，在财政支持政策方面，为了促进 CCUS 的发展，我国政府于 2013 年起草了一份碳捕集、利用和封存行业的发展计划，该计划打算在未来 5 年内，国家在碳捕集与封存项目上投入 4 亿元，同时带动超过 23 亿元的社会投入。

### 3.2.2  CCUS 公共财政投入情况

在我国政府的主导下，企业及高校和科研机构开始重视 CCUS 的发展，并开展了一些研发和示范项目。

经初步统计，仅"十一五"期间，相关国家科技计划和科技专项针对 CCUS 基础研究与技术开发部署项目共约 20 项，直接公共财政经费投入超过 2 亿元，带动企业等社会投入超过 10 亿元。"十二五"期间，针对全流程技术示范的投入力度明显加强，国家的支持力度持续增大，仅 2011 年，相关国家科技计划和科技专项已部署项目约 10 项，公共财政经费投入超过 4 亿元[①]。

国内进行的 CCUS 科研及示范项目的资金来源主要采取政府科研经费直接投入和企业或科研机构自筹经费两种方式。我国具体的项目有：源自"863"计划的"基于 IGCC 的 $CO_2$ 捕集、利用与封存技术研究与示范"项目的 1 亿元资金，国家投入 5 000 万元，另有 5 000 万元来源于自筹经费；"二氧化碳的吸收法捕集技术""$CO_2$ 的封存技术"项目国家均投入资金 700 万元，所需配套的自筹经费每项都不能低于 350 万元。我国 CCUS 示范项目，如华能上海石洞口捕集示范项目需要工程投资 1.59 亿元，华能北京热电厂捕集试验项目需要工程投资 3 000 万元，神华集团 CCS 工程项目需要资金 2.1 亿元，中电重庆双槐电厂 1 万吨/年碳捕集示范项目需要投资 1 235 万元，这些资金均是企业自筹。主要大型 CCUS 项目的财政投入情况见表 3-5。

---

① 科学技术部社会发展科技司，科学技术部国际合作司，中国 21 世纪议程管理中心. 中国碳捕集、利用与封存（CCUS）技术进展报告［R］. 北京：中国 21 世纪议程管理中心，2011.

表 3-5                我国主要大型 CCUS 项目列表

| 项目名称 | 资金来源 | 投入资金金额 | 配套要求 | 支持时间 |
|---|---|---|---|---|
| 基于 IGCC 的捕集、利用与封存技术研究与示范 | "863" 计划 | 5 000 万元 | 自筹经费不少于 5 000 万元 | 2011—2013 年 |
| 二氧化碳的吸收法捕集技术 | "863" 计划 | 700 万元 | 自筹经费不少于 350 万元 | 2008—2010 年 |
| 二氧化碳的吸附法捕集技术 | "863" 计划 | 600 万元 | 自筹经费不少于 300 万元 | 2008—2010 年 |
| $CO_2$ 的封存技术 | "863" 计划 | 700 万元 | 自筹经费不少于 350 万元 | 2008—2010 年 |

通过表 3-5 可以看出：我国公共财政支持 CCUS 项目建设的现状是 CCUS 已经开始受到政府的重视，并在政府的主持下开展了一些研发和示范项目。但由于 CCUS 在我国起步较晚，我国政府对 CCUS 的财政支持仅限于科研经费的投入，CCUS 的应用缺少相关的政策法规和公共财政政策的明确支持。政府没有制定直接补贴、税收优惠、财政政策、投资政策，也没有建立专项基金和金融机构贷款的政策，更没有建立起公共资金的进入渠道。

据 IEA 估计，中国在 2010—2020 年发展 CCUS 项目所需投入资金达 190 亿美金，而长期来看，2010—2050 年则需要发展资金 1.17 万亿美元。要达到这一要求，必须把 CCUS 纳入国家公共财政体系的范畴，除了依靠国家的投入和补贴，还应考虑激励 CCUS 投资的税收和其他配套政策。

## 3.3    我国公共财政支持 CCUS 发展过程中存在的问题

近年来，随着我国政府对 CCUS 发展给予的积极关注，关于 CCUS 的技术政策、研发示范、国际合作等一系列措施的实施为 CCUS 的发展创造了良好条件，但是我国对 CCUS 的公共财政支持方面存在着一些问题。比如，CCUS 的投入不足、投资主体单一、投资渠道不稳定、税收政策缺乏、法律法规不完善、监督机制不健全等，使得 CCUS 的发展缺乏稳定的资金来源、资金保障度低、投资信心不足，继而影响了 CCUS 技术的发展稳定性，严重阻碍了我国 CCUS 技术的进一步提高。长远来看，这势必会影响我国政府碳减排目标的完成。

### 3.3.1 政策扶持力度不够

（1）总体规划欠清晰。

自 2005 年年底开始，我国政府相继发布的《国家中长期科学和技术发展规划纲要（2006—2020 年）》《中国应对气候变化方案》《中国应对气候变化科研专项行动》《国家"十二五"科学和技术发展规划》《"十三五"应对气候变化科技创新专项规划》等多个政策文件，把 CCUS 技术列为重点发展的减缓气候变化技术，将发展 CCUS 技术作为温室气体减排行动的重点活动领域，并把 CCUS 作为前沿技术纳入了国家中长期科技发展规划，这说明国家已经开始重视 CCUS 技术。《中国碳捕集、利用与封存技术发展路线图》（简称《路线图》）、《"十二五"国家碳捕集利用与封存科技发展专项规划》（简称《规划》）、《二氧化碳捕集、利用与封存环境风险评估技术指南（试行）》（简称《指南》）的出台标志着我国 CCUS 的发展开始了制度化进程。

《路线图》与《规划》侧重于在技术层面对 CCUS 的研发和能力建设进行部署，《指南》是从风险管理角度给 CCUS 的发展提供保障，而关于 CCUS 公共财政方面的政策报告和制度安排至今没有问世。从严格意义上来说，我国政府没有总揽全局地针对 CCUS 的具体进程阶段、项目进展情况、达到效果、公共财政支持情况等做出一个明确的步骤安排，对 CCUS 的总体规划还不够清晰。同时，由于 CCUS 的前沿性，一些政策制定者在制定政策时对政策的整体性和统一性关注不够，对项目缺乏长远规划，造成了 CCUS 财政支持政策目标不清晰、总体规划不明确、具体措施不到位的现象。

（2）政策执行力不足。

我国政府虽然制定了一些关于 CCUS 的相关政策法规，但是在 CCUS 领域的政策执行力方面却有待加强。

从 2005 年底我国签署 CCS 备忘录开始到现在，我国政府明确表示要发展 CCUS，并在宏观层面上勾画了 CCUS 技术发展的蓝图，但对 CCUS 系统发展的公共财政具体措施、支持政策却仍没有制定，对已制定的与 CCUS 有关的规划、政策标准等也尚有未执行的方面，这使得我国在 CCUS 领域的政策执行能力不足，比如：2000 年 4 月 29 日我国第九届人大常务委员会第十五次会议通过的《大气污染防治法》规定，对任何造成环境污染的工业生产设施都应采取措施进行防治。按照此法案，含有 CCUS 设施的工业源在排放气体时就必须遵守此法，但由于国内对二氧化碳是否是大气污染物存在争议，在实际执行中没有让上述排放二氧化碳的部门承担责任。这些问题使得已经颁布的政策难以执行，这也是造成政策执行力不足的又一原因。

（3）激励机制不完善。

在鼓励 CCUS 发展方面的政策措施也不完善。尽管政府在 2013 年提出打算在今后 5 年内在碳捕集与封存项目上投入 4 亿元，但是，以何种方式投入、投入项目资金的分配、使用情况和使用效果都没有明确公布。

目前我国政府对 CCUS 的资金投入方式主要是依靠科研项目经费的形式投入部分大型科研项目，而政府关于 CCUS 的公共财政政策没有制定，公共财政投入资金尚未落实，财政补贴、税收等优惠措施尚未建立，CCUS 的专项基金也没有建立，促进 CCUS 发展的系列综合财政配套措施还很缺乏。如科研示范项目的经费投入配套措施不明确，鼓励企业参与 CCUS 项目的财政支持政策还是空白，在与国外政府合作项目的财税措施也不明朗。这些因素不但不利于私人部门进入 CCUS 领域，自觉实施 CCUS 项目，而且也难以激发实施 CCUS 项目的国有企业发展 CCUS 技术的积极性。

（4）相关配套措施缺乏。

CCUS 公共财政政策是政府为了发展 CCUS 而将其嵌入整个经济体系中的一系列政策工具的集合。因而，CCUS 的发展不仅需要公共财政政策的支持，还需要金融支持政策、法律法规配套机制、国际间交流与合作政策以及公众意识培养配套措施等的积极配合。

尽管我国政府已经出台了发展 CCUS 的技术政策，但目前还没有制定正式的 CCUS 财政支持机制和制度，更没有制定激励 CCUS 发展的税收减免、金融支持等配套措施。这些因素严重制约了 CCUS 财政政策效力的发挥和 CCUS 的发展，大大降低了私人资本进入该领域的信心，难以吸引社会资金，也加剧了 CCUS 发展资金匮乏，投入不足的困难。

### 3.3.2 投入力度不足

（1）投入总量不足。

虽然我国政府对 CCUS 的发展日益重视，也投入了一定的资金，但投入的实际情况和发展规划所需的投资数量以及和国外部分国家与地区的 CCUS 资金投入量都存在着巨大的差距。比如：美国在 2009 年投入了 34 亿美元用于技术的商业性开发；欧盟投入了 10.5 亿欧元支持项目的实施；挪威投入了 9.05 亿美元进行项目的建设；日本投入了 1 080 亿日元（约 11.6 亿美元）用于项目的研发和示范。而在我国 CCUS 项目中，绝大多数项目的资金是采取自筹经费的形式，政府直接投入 CCUS 的金额所占比例较小。在投入的项目中，投入资金额度较大的是 2009 年 12 月由华能集团出资投入运营的上海石洞口第二电厂配套碳捕集装置，总投资 1.3 亿元。由此可见，相对于国外的投入力度，我国的资金投入量可谓微不足道。

此外，尽管政府一再呼吁关注和发展 CCUS，并开展了研发和国际合作项目，也投入了一些科研经费，但从总量上来看，CCUS 的公共财政投入力度是不够的。对 CCUS 财政投入总量的不足，会造成科研人员的流失、技术研发水平停滞、带动不了其他资金的进入，使得 CCUS 的发展进度难以加快。

（2）投资主体单一。

我国当前 CCUS 的发展，投资主体单一，投资渠道狭窄，资金投入有限，这也使 CCUS 项目的发展陷入了缺乏长期稳定的资金投入保障，CCUS 的巨额资金需求无法满足的状况，在很大程度上制约了我国 CCUS 的发展。

具体来说，我国 CCUS 技术的发展还处于起步阶段，需要大量资金的投入支持。从我国 CCUS 的投资情况来看，目前的投资主体是国家，投资领域是科研项目，投资方式为国家和科研单位共同投入且采取以科研经费自筹为主的投入模式。随着发展 CCUS 呼声的不断高涨和国际社会对 CCUS 技术的日益重视，我国会越来越强调 CCUS 发展对碳减排的重要作用，不断加快脚步发展该技术，因此对 CCUS 资金需求量会大大增长，仅仅依靠中央政府和科研单位有限的财政投入很难满足我国对 CCUS 资金日趋增长的需要，这就迫切需要社会资金的投入。

由于 CCUS 产业涉及 $CO_2$ 的捕捉、运输、封存、利用四个环节，涵盖电力、石油、运输、煤炭、化工、钢铁、食品等众多行业，具有较长的产业链，产业效应显著，产业内各行业间的相关性较强。这样一个庞大的产业集群对技术的要求很高，资金的需求量很大，资金交叉普遍，资金关联度高，再加上 CCUS 的风险大，周期长，资金的使用期限也长，资金回报率低，私人资本根本不愿主动进入该领域。这些情况都需要政府给予一定的激励政策才能鼓励社会资金的流入。但是我国 CCUS 财政政策的缺失没有形成社会资金的投入拉力，致使社会资金不愿进入该领域，CCUS 的发展缺少稳定的资金来源，这不利于 CCUS 的发展。

（3）财政投入缺乏连续性。

CCUS 项目具有的公共产品和外部性特性以及项目所需投资较大且经济效益不确定，使得 CCUS 的投资面临巨大的风险。而政府作为推动 CCUS 发展的主导力量，在 CCUS 的推广过程中肩负着不可推卸的责任。

由于财政政策的缺失，目前政府在落实 CCUS 科研及示范项目资金时以分散的形式投入，缺乏统一规划，没有注意政策的效果。同时，政府对 CCUS 的资金投入也局限在兴建示范项目方面，没有意识到 CCUS 的建设是一个长期的过程，应该把它作为一个产业逐步过渡到商业化的方式来经营和运作。再加上作为减排项目的 CCUS 专项基金没有建立起来，政府缺少足够的资金投入 CCUS 项目。

这些因素使得政府对 CCUS 的投入缺乏连续性，处于波动的不稳定状态，在很大程度上降低了资金的保障程度，不利于 CCUS 的推广。

### 3.3.3　制度建设不完善

（1）法律法规不完善。

由于 CCUS 处于早期发展阶段，我国目前关于 CCUS 的政策、制度建设还处于探索阶段，相应的规划、法律法规不完善，很多领域还存在空白，限制了 CCUS 公共财政政策工具效果的发挥。

自 2006 年以来，我国政府颁布了多个技术政策文件积极引导 CCUS 的研发和示范项目的展开。尽管如此，但与美国、欧盟等的相对成熟和完善的多项法规相比，我国对 CCUS 技术的法规和规章仍处于起步阶段。比如，美国有构成 CCUS 政策法律框架的《国家环境政策法案》和《资源节约回收法案》。此外，还要求碳捕集要遵守《清洁空气法》，碳运输遵守《危险液体管道法案》和《危险物品运输法案》，碳封存遵守《安全饮用水法案》。另外，《美国复苏法案》《美国清洁能源与安全法案》规定了 CCUS 项目的拨款金额，《碳存储管理信托基金法》要求成立一支信托基金以弥补封存的成本和债务。而在我国包括《国家中长期科学和技术发展规划纲要（2006—2020 年）》《中国应对气候变化方案》《中国应对气候变化科研专项行动》《国家"十二五"科学和技术发展规划》《"十三五"应对气候变化科技创新专项规划》等在内的提倡发展 CCUS 技术的政策构架中，关于 CCUS 能源政策的政府直接补贴、税收优惠、投资政策、补贴政策、专项基金、金融机构贷款等法规都是缺失的。这说明我国在 CCUS 发展的法律法规建设方面存在结构性缺陷，使得我国发展 CCUS 的重大战略规划没有明确的法律地位，也难以引起公众的关注和参与，无法吸引私人资金的投入。

（2）监管机制不健全。

为了科学管理 CCUS 的投入经费，保障资金及时到位并足额兑付，需要对资金的使用进行监管。这就要求建立严格的监督管理制度，加大监督抽查力度，加强对资金使用的监管力度，提高投入资金的使用效率。

目前我国关于 CCUS 领域的公共财政管理结构还没有真正成立，政府在该领域的干预力度不足。由于 CCUS 在我国处于发展的初期阶段，我国还没有建立专门的 CCUS 管理部门，目前 CCUS 技术的监管机构是国家发改委应对气候变化司，一切政策的制定和落实都由该部门负责。该部门还要负责其他气候变化项目，存在人员不够、投入精力不足的情况，导致该领域的监管体系出现了监督目标不明确、监管机制不健全、监管内容不完整的问题。

近年来，政府对 CCUS 的碳减排功效高度重视，但主要是提倡发展 CCUS 战略，在监督机制上没有制定明确可行的目标。当前 CCUS 公共财政政策主要落脚在公共财政投入金额方面，随着需要扶持的 CCUS 项目逐步增多，公共财政支出的范围也逐渐增大，监督机构因为人员空缺较大，相应的监督管理机制不健全，对支出等财政监督没能贯穿始终，出现了监管力度不到位的问题，导致某些投入资金被滥用、挪用。此外，政府没有对 CCUS 财政投入的整个过程进行监督，没有建立日常连续性的全方位监管机制，仍然是以解决某个领域突出问题的专项治理方式来进行监管，采取惯用的突击式的监管方式，这些问题的存在都大大影响了 CCUS 投入资金的使用效率。

## 3.4　本章小结

CCUS 作为准公共产品，公共财政支持是确保 CCUS 发展的重要保障。本章首先介绍了我国 CCUS 的技术流程、技术发展和项目进展概况；然后通过阐述我国 CCUS 政策支持情况和 CCUS 公共财政投入情况，叙述了我国公共财政支持 CCUS 的现状；最后重点对我国公共财政支持 CCUS 发展中存在的具体问题进行了详细剖析，为我国 CCUS 公共财政政策的制定奠定基础。

# 4 国外 CCUS 公共财政政策经验借鉴与启示

国外政府为了促进 CCUS 项目的发展，结合本国的实际情况制定了一些切实可行的公共财政政策。目前，我国的 CCUS 项目也受到政府的重视并逐步发展，但和国外的公共财政措施相比，国外相应政策的制定和完善都值得我国借鉴。

## 4.1 国外 CCUS 公共财政政策的实践

CCUS 技术是发达国家比较重视的碳减排技术，许多国家和地区的政府为了保障该技术的实施，一直在制定相关的政策，特别是针对 CCUS 的公共财政政策提出了多种支持措施和法案。在所采取的公共财政政策中，除了对研发的资助，多数国家采用了以政府补贴和投资为主的公共财政支持模式，有的国家在此模式的基础上还运用了税收政策或市场融资手段来推动 CCUS 的发展。

### 4.1.1 美国的 CCUS 公共财政政策

美国是依赖火力发电的国家，美国政府把二氧化碳捕捉与封存技术看作是降低火电厂温室气体排放的最为有效的技术，认为该项技术的使用能使火力发电达到全球温室气体减排要求的标准。因此，美国政府高度重视 CCUS，特别是在奥巴马上台后，把"碳捕捉"列为清洁煤技术的重要战略组成部分，制定了系列政策来推动 CCUS 的发展。

为确保美国在该项技术的国际领先地位，美国联邦政府多个部门涉足了 CCUS 行动，形成了以能源部（Department of Energy，DOE）为主导，环保署

（Environmental Protection Agency，EPA）与交通部（Department of Transportation，DOT）配合的部门领导格局，协调处理 CCUS 发展中出现的问题。其中，能源部主持 CCUS 研发和示范活动，以及国际 CCUS 的合作；运输部负责管制二氧化碳运输管道；环境保护局根据《地下注入管理办法》（UIC）建立有关二氧化碳灌注和封存的公众健康和安全法规。此外，美国部分州政府，如伊利诺伊州（Illinois）、堪萨斯州（Kansas）、蒙大拿州（Montans）、新墨西哥州（New Mexico）、北达科他州（North Dakota）、得克萨斯州（Texas）等州通过积极执行《地下注入管理办法》（UIC）和其他环境条例推动 CCUS，并颁布了各种激励和监管计划推动 CCUS 的发展。

美国鼓励采用 CCUS 技术的公共财政政策有：

（1）政府补贴和投资。

美国对 CCUS 技术投入很大。2008 年美国国会提出了《利伯曼-华纳气候安全法》（Lieberman-Warner Climate Security Act）。此议案提出了促进 CCUS 推广的三个机制，分别是：免费额外排放额度（Free Bonus Allowances）、通过新建电厂的排放性能标准强制实施 CCUS（Mandatory CCUS through Emission Performance Standard for New Plants）和补贴（Subsidies）。该法案预计给用于 CCUS 示范阶段的项目提供资金 175 亿美金。为了加快 CCUS 技术发展，美国在 2009 年从《经济恢复和再投资法案》（ARRA）中拨款 24 亿美元以扩大 CCUS 技术的商业性开发。2009 年 6 月在众议院通过了《美国清洁能源与安全法案》（ACESA），法案规定到 2025 年用于 CCUS 的投资要达到 600 亿美元，还规定将各公司温室气体减排补助的 26% 用于资助 CCUS 公共项目。到目前为止，美国能源部已批准了近 40 亿美元的国家资金用于 CCUS 的示范项目中，吸引了私人投资 7 亿美元以上。

（2）研发资助。

美国建立了很多 CCUS 示范项目。该国的碳封存项目由国家能源部化石能源办公室负责，由国家能源技术实验室（NETL）实施。该方案的目标是，到 2012 年，为以化石燃料为基础的电厂开发转化系统，使其达到超过 90% 的捕捉和 99% 的封存能力，同时确保电力成本增加小于 10%。2007 年，美国能源部在刊物《碳封存技术发展路线图和项目计划》上发布了 CCUS 技术路线图。美国 CCUS 研发活动主要由三个部分组成：核心研究与开发；通过区域碳封存合作关系开展项目示范和推广；通过清洁煤电倡议和未来电力行动支持重大的示范项目。

美国投入大量资金资助 CCUS 的研发，从 1997 年开始，美国 CCUS 研发资金逐年增长，到 2007 年达到 1 亿美元。2003 年开始，美国能源部对涉及 42 个州以及加拿大 4 个省份至少 350 个组织的 7 个区域性碳封存合作项目每年至少给每个合作项目提供 1 000 万美元的资助。2007 年 10 月，美国开展了一项大规模实地测验，将总价值 3.18 亿美元的奖励颁发给了地区性合作项目，要求在每个项目场所的深部地质构造中注入至少 100 万吨二氧化碳。2007 年 12 月，美国又授予伊利诺伊州西蒙山砂岩地层中开展二氧化碳封存的示范项目 6 700 万美元。2008 年 5 月，美国能源部宣布将至少 1.26 亿美元的奖励颁给了西部海岸地区碳封存合作项目（WESTCARB）和中西部地区碳封存合作项目（MRCSP），用于开展能源部第五次和第六次大规模的二氧化碳封存项目。2017 年美国能源部的化石能源局为确保二氧化碳封存的安全性和永久性，投资了 1 200 万美元以推进碳封存新地质项目的开展，其中有 400 万美元用于发展二氧化碳的注入技术，有 800 万美元用于墨西哥离岸碳封存资源和技术发展伙伴关系，促进墨西哥离岸二氧化碳的地质封存。

（3）减税政策。

为鼓励 CCUS 的推广，美国实施了减税政策。在 2008 年，美国提出了《减碳科技桥法 2008》（*Carbon Reduction Technology Bridge Act of* 2008）。该法案为了鼓励私营企业对 CCUS 的投资及研发活动，对 CCUS 设备安装、碳运输、封存以及驱油等项目进行了最高达 30 美元/吨 $CO_2$ 的税收减免。在美国国会参议院通过的 7 000 亿救市方案中，约有 25 亿美元用于 CCUS 技术研发的公司减税；同时，该方案对二氧化碳捕捉与封存项目提供每吨碳 20 美元的信贷，对提高油气采收率的碳封存项目减免 10 美元/吨的税收。

（4）建立专项 CCUS 信托基金。

为弥补 CCUS 的巨额成本，美国成立了 CCUS 信托基金会。基金会接受政府在限制温室气体排放方面的收入，同时将这些资金用于 CCUS 项目的建设。为 CCUS 的发展和推广筹集资金，美国已经提出成立 CCUS 专用的信托基金，以期通过该基金对项目的补贴加速建立 CCUS 项目。

### 4.1.2 欧盟的 CCUS 公共财政政策

欧盟一直以来是 CCUS 技术研发的先驱，在积极倡导 CCUS 的相关立法和各方面的实施都是制度化和规范化的典范，其公共财政政策的支持力度也相当大。在欧盟各成员国的努力下，欧洲已经成为 CCUS 技术实施的表率之一。

2005 年，欧盟委员会的 CCUS 工作与欧洲气候变化项目二期（ECCP Ⅱ）同步启动。2006 年，欧盟委员会发布了《欧洲可持续、竞争和安全能源策略》

绿皮书，将 CCUS 确定为解决来自能源安全和气候变化的根本挑战的三大关键政策优先项目之一。2007 年 1 月 10 日，欧盟委员会发布了题为《欧盟能源政策》的能源和气候变化战略的文件，该文件承诺到 2020 年之前将温室气体排放量在 1990 年的水平基础上至少减少 20%，文件包括了若干关于 CCUS 的建议，提出到 2015 年建立 12 个大型燃煤和天然气电厂示范项目，在 2020 年将 CCUS 应用到所有新投入使用的燃煤发电厂，并在 2020 年之前做好捕捉准备，在 2020 年以后再迅速改进设备。

为发展 CCUS，欧盟实施了以下的公共财政政策：

（1）政府补贴和投资。

欧盟对 CCUS 的补贴政策分为两类：一是降低 CCUS 各环节设施和运营成本的政策（欧共体国家补贴指南）；二是为参与 CCUS 的项目提供附加价值的政策，比如环境税减免和单项投资补贴。为发展 CCUS，欧盟投入了大量的资金：欧盟第五个框架计划（FP5，1998—2002 年）投入 350 万欧元，第六个框架计划（FP6，2002—2006 年）投入 1.2 亿欧元，第七个框架计划（FP7，2006—2013 年）投入 3.6 亿欧元。

（2）研发资助。

欧盟从 1990 年开始 CCUS 研究，在 1998 年到 2013 年，进行了多达 25 项 CCUS 核心项目。其中欧盟第五个框架计划（FP5，1998—2002 年）有主要项目 10 项，旨在实现零排放发电厂，使二氧化碳分离成本在五年内降低 25%～35%，提供一套地质封存潜力评估标准，发展二氧化碳捕捉与封存新一代技术等；第六个框架计划（FP6，2002—2006 年）有主要项目 12 项，集合了包括欧洲 12 个国家、32 个企业、NGO 组织以及学术界成员在内的合作伙伴，将 CCUS 研发计划目标定为把二氧化碳捕捉成本从每吨 50～60 欧元降到每吨 20～30 欧元，确保捕捉率在 90% 以上，同时评估二氧化碳的可靠性和长期稳定性；第七个框架计划（FP7，2006—2013 年）有 3 项，旨在建立 CCUS 与清洁煤技术和清洁发电技术，并利用欧盟的监管框架支持中国 CCUS 监管体系的建立。

（3）实施排放配额交易。

排放交易体系是欧洲委员会用来鼓励欧盟内部 CCUS 活动的主要政策工具。所谓的排放配额交易依赖于国家整体减排目标，减排目标越高，市场需求越大，碳价格就越高，给 CCUS 项目免费配额筹集的资金就越多。欧盟利用拍卖碳排放配额为 CCUS 项目筹集资金支持。根据有关资料估算，2013 年后，欧盟在发电领域的碳排放配额拍卖每年可以产生超过 280 亿欧元的收入。欧洲的 CCUS 项目将从欧盟排放交易体系中获得 3 亿吨的排放配额，以支持 10～12 个商业化项目，预计在 2013—2020 年共发放 140 亿吨的排放额用于拍卖。

### 4.1.3　挪威的 CCUS 公共财政政策

挪威是对全球温室气体排放影响相对较小的国家，但是在 CCUS 技术示范、政策制定和国际合作等方面却处于世界领先地位。

挪威第一项 CCUS 计划是在 1987 年由挪威科技工业院（SINTEF）启动。自此后至今，已经启动了 40 多个项目。其中开始于 2008 年的 Sargas Hunsnes 项目每年捕捉和封存的二氧化碳有 2.6 百万吨，捕的二氧化碳用于北海油田 EOR。目前，挪威在 CCUS 技术方面已形成了自己的创新体系，为了进一步发展和巩固其在 CCUS 上的领先地位，挪威政府深化了以下活动：识别潜在的 $CO_2$ 捕捉、运输和封存链；提高 CCUS 现有公私合作水平；提供有力的公共资金支持；根据《能源法》和《污染控制法》，要求所有新建的燃气电厂能够进行 $CO_2$ 捕集。

挪威政府发展 CCUS 的公共财政政策措施是：

（1）政府补贴和投资。

为了管理新的 CCUS 项目和政府参与投资的 CCUS 资金，2008 年挪威政府成立了 Gassnova SF 国有公司，和工业伙伴一起计划和执行 CCUS 项目。2009 年，挪威政府预算草案中有约 19 亿挪威克朗（约 3.2 亿美元）用于 CCUS 示范工程。此外，挪威国家石油公司 Statoil 与阿尔及利亚国家油气公司 Sonatrach、英国石油 BP 共同投资了位于阿尔及利亚撒哈拉沙漠的天然气田的 CCUS 项目。

（2）研发资助。

挪威政府通过研究组织或私有部门为 CCUS 的研发提供强有力的支持。2005 年，政府启动了 CLIMT 国家天然气技术项目，旨在培育包括 CCUS 在内的燃气电厂的协同研究，挪威政府对该项目每年投入 1 600 万欧元。另外，挪威政府对蒙斯塔德（Mongstad）欧洲测试中心项目投入 9.2 亿挪威克朗（约 1.5 亿美元）；对 Kårstø 燃气电厂项目投入 1.9 亿挪威克朗（约 300 万美元）；对 $CO_2$ 运输和封存方面投入 5.7 亿挪威克朗（约 9 600 万美元）。

（3）征收碳税政策。

征收碳税是为 CCUS 筹资的一种渠道。从 1991 开始，挪威政府就对在大陆架上开展的油气开采活动收取二氧化碳排放税。挪威石油总局根据燃烧的碳氢化合物和释放的二氧化碳量折算税收，碳税达 50 美元/吨 $CO_2$，这已经超过当地 CCUS 技术的单位成本，提高了一些示范项目在经济上的可行性。挪威国家石油公司的 Sleipner $CO_2$ 封存项目每年封存 $CO_2$ 约 100 万吨。比较而言，如果将 $CO_2$ 排入大气层，石油公司每年需要缴纳税收 5 000 万美元。而使用 CCUS 后，在一年半里节约的税金就抵偿了投资。这一案例说明税收政策对 CCUS 的投资会产生明显影响。

（4）建立 CCUS 信托基金。

挪威政府在 2009 年 12 月宣布出资 3 500 万挪威克朗（约 600 万美元）帮助世界银行建立一支 CCUS 信托基金，其目的是增强发展中国家碳捕捉与封存的技术能力。

### 4.1.4 澳大利亚的 CCUS 公共财政政策

澳大利亚的煤炭储量居世界第四位，国内 80% 的电是通过燃煤电厂供应，因此它对促进包括 CCUS 在内的清洁煤技术有强烈的发展兴趣。

澳大利亚联邦政府和地方政府都涉足了 CCUS 行动，主要负责制定 CCUS 的相关政策，参与 CCUS 项目的组织工作，并对 CCUS 进行监管，提出财政金融方面的支持措施。该国的 CCUS 公共财政政策以预算拨款为主，碳税政策为辅，具体如下：

（1）政府预算拨款。

澳大利亚政府通过预算拨款对 CCUS 进行巨额的投资。为了促进煤炭低排放技术的发展，2008 年，澳大利亚联邦政府拨款 4 亿美元建立了国家煤炭低排行动（NLECI），其中 500 万美元用于 $CO_2$ 封存；此外，为了实现 G8 到 2020 年在全球至少建立 20 个大规模 CCUS 项目的目标，澳大利亚政府从 2009 年清洁能源行动的 45 亿美元预算中拨款 20 亿美元用于在澳大利亚建立 2~4 个工业规模的 CCUS 项目；在政府 2009—2010 年的预算中，关于 CCUS 的研究、开发与商业化投资总计达到 20 亿澳元（约 16.2 亿美元）。

（2）研发资助。

澳大利亚开展了"CCUS 旗舰计划"，支持成立了 CCUS 协会。2006 年，澳大利亚成立了 COAL21 组织，该组织由煤炭和电力工业、研究机构和公共相关利益共同体合作组成，在昆士兰州、新南威尔士州等地方的 CCUS 项目投资约有 4.18 亿澳元（约 3.4 亿美元）；作为世界上最大的 CCUS 合作研究项目之一的温室气体技术联合研究中心（$CO_2CRC$）在 CCUS 领域中扮演着十分重要的角色，该项目的参与者来自澳大利亚和新西兰的学术界、商业界和政府代表，七年的预算（到 2010 年）达 1.4 亿美元。

（3）征收碳税政策。

为补贴 CCUS 的成本，澳大利亚采取了征收碳税政策。澳大利亚下议院在 2011 年 10 月 12 日通过了一项碳税法案，该法案提出从 2012 年开始征收碳税（每吨 23 澳元起，年增幅约 2.5%），这将对 CCUS 项目的投融资产生相应影响。

### 4.1.5 加拿大的 CCUS 公共财政政策

加拿大的石油储量达 1 790 亿桶，仅次于沙特阿拉伯，是世界第二大石油储存国，其中约 1 740 亿桶存在石油沙。生产石油会排放大量温室气体，从国家能源战略的角度来说，能大量减少温室气体排放量的 CCUS 技术对加拿大意义重大。2007 年 4 月，加拿大联邦政府发布了一份"回转计划"（Turning the Corner Plan），制定了监管框架来减少温室气体的排放和缓解空气污染状况。政策框架还提供了各种不同的配套措施和弹性机制来激励对 CCUS 的投资。

加拿大的 CCUS 由联邦政府和省政府共同推动，其中阿尔伯塔（Alberta）、萨斯喀彻温（Saskatchewan）、新斯科舍（Nova Scotia）三个省是加拿大发展 CCUS 的主导力量，并为大规模的 CCUS 项目提供资助。2010 年，萨斯喀彻温省政府和联邦政府一起投资 15 亿加元在萨省建立了萨斯喀电力集团的边界坝三项目（BD3），这是世界上最大的燃烧碳捕捉项目，也是全球第一个大规模商业化的 CCUS 项目。该项目于 2014 年 10 月开始正式运行，每年能捕集 100 万吨二氧化碳。在这个项目中，捕集到的二氧化碳会出售给 Cenovus 用于提高韦伯恩油田的石油采收率（EOR）。鉴于加拿大在 CCUS 技术上的创新贡献，国际能源署（IEA）已经将其列为 CCUS 技术的全球领导者。

加拿大非常注重二氧化碳封存相关的产权问题。为了解决与 $CO_2$ 封存相关的产权问题，阿尔伯塔省成立了生态能源 CCUS 特别工作组。该工作组在 2008 年 1 月提出建议，将现行有关油气和水域活动的立法扩展到 $CO_2$ 封存物权，并建议 CCUS 监管机构应当归属于现有的油气监管机构，因为他们拥有丰富的知识和基础设施。

目前，加拿大开展的 CCUS 项目有上百项，为了资助该项目，加拿大政府成立了清洁能源基金，此基金约有 30 亿美元资金，由联邦和省级多项计划提供。加拿大生态能源项目也提供了 1.51 亿美元资助 7 个 CCUS 项目[①]。

---

① 中国 21 世纪议程管理中心. 碳捕集、利用与封存技术进展与展望 [M]. 北京：科学出版社，2012：26-40.

## 4.2 国外 CCUS 公共财政政策的特点

CCUS 作为控制二氧化碳排放、减缓温室气体效应的根本技术途径，许多国家通过制定明确的政策目标、建立健全的政策法律和灵活运用多种政策工具及政策措施来扶持该项技术的发展。

### 4.2.1 政策目标明确

作为控制碳排放的有效技术选择，大多数国家和地区的政府高度重视 CCUS 技术的发展，把 CCUS 纳入政府能源和气候变化政策的重要范畴，落实了政府负责部门，制定了明确的 CCUS 项目建立与发展的政策目标（见表 4-1）。

表 4-1　　　　　　　　部分国家或组织发展 CCUS 的政策目标

| 国家或组织 | 政策目标 |
|---|---|
| 美国 | 2009 年，美国在《清洁能源与安全法案》中制定了鼓励企业尽早采用 CCUS 技术的激励措施，法案要求所有碳年排放量在 25 000 吨以上的厂家都必须获得相应的碳排放许可证，如果在 2020 年后取得此许可证，新的燃煤电厂将至少减少碳排放量达 65%；2009 到 2015 获得审批修建的电厂都必须使用 CCUS 技术，并按照规定的装机容量运行，4 年之内减少 50% 的碳排放量。法案还根据减排效率和竞标的"先到先得"原则，针对电厂采用 CCUS 技术的不同阶段分别设计了政府的资金分配方案 |
| 欧盟 | 欧盟 2006 年发布的《欧洲可持续、竞争和安全能源策略》绿皮书中把 CCUS 确定为解决气候问题的关键三大政策优先项目之一；之后，又发布了《欧洲委员会通讯文件：化石燃料可持续发电——到 2020 年实现零排放》，并颁布了一系列的框架计划和制定了相应的经费预算，推动 CCUS 的发展 |
| 澳大利亚 | 澳大利亚致力于把自己塑造为清洁煤炭领域的前沿创新者，对 CCUS 活动制定了系统的发展路线图和相应的财政金融支持 |
| 挪威 | 挪威制定了《能源法》和《污染控制法》，要求所有新建燃气电厂能进行碳捕集。为灌输先进的 CCUS 概念，挪威政府决定在企业活动、市场、法制监督方面直接推行新政策 |
| 日本 | 2007 年 5 月，日本首相宣布了"清凉地球 50 计划"，提出了要在 2050 年之前实现温室气体排放量减少 50% 的长期目标。2008 年日本政府颁布了 CCUS 发展的两个战略：清凉地球——创新能源技术计划和建立低碳社会政府行动计划，目标是实现 2015 年每吨碳的捕集成本降低 2 000 日元，到 2020 年每吨碳的捕集成本再降低 1 000 日元，实现 CCUS 商业化和国际化 |

### 4.2.2 政策法规健全

为促进 CCUS 的发展，各国政府纷纷出台法律法规，确保本国 CCUS 发展目标的实现；同时，多角度、广视野地完善了不同阶段 CCUS 的发展政策机制和激励监管计划，积极推动 CCUS 技术的推广。如：欧盟在 2008 年 1 月发布了二氧化碳封存指令草案（邹乐乐 等，2010）；英国的能源法案建立了海洋二氧化碳封存库的管理框架，在 2009 年 4 月颁布的《投资低碳英国》计划中正式宣布在东海岸线投资兴建 4 个碳捕捉与封存示范项目（王仲成 等，2011）；美国于 2008 年 7 月 15 日首次对地下封存二氧化碳提出法规管制议案，2010 年 11 月美国环保局（EPA）签署了为美国推广大规模碳捕捉与封存商业化项目扫清障碍的美国安全碳存储技术行动条例，2011 年 3 月 2 日，美国参议院全票通过了二氧化碳封存法纳入法律条款的提议案（HB259），2011 年 5 月 16 日在参议院能源与自然资源委员会听证会上通过了二氧化碳捕集技术法案（S.757）以及 2011 美国能源部（DOE）碳捕集与封存规划修正案（S.699）（汤道路 等，2011）；澳大利亚政府早在 2005 年就建立了一套实现全国统一的二氧化碳储存活动的原则，并于 2008 年 5 月公布了允许二氧化碳在近海地区注入和封存的立法草案。各国出台的政策法规见表 4-2。

表 4-2　　　　　　　　　部分国家或组织发展 CCUS 的政策法规

| 国家或组织 | 政策法规 |
| --- | --- |
| 美国 | 美国已有的《国家环境政策法案》和《资源节约回收法案》构成了 CCUS 的政策法律框架。此外，碳捕集要遵守《清洁空气法》，碳运输要遵守《危险液体管道法案》和《危险物品运输法案》，碳封存要遵守《安全饮用水法案》。美国 2009 年 2 月通过《美国复苏法案》，规定了 CCUS 项目的拨款额达 34 亿美元；2009 年 6 月通过《美国清洁能源与安全法案》，规定到 2025 年用于 CCUS 的投资要达到 600 亿美元；2009 年 7 月提出的《碳存储管理信托基金法》规定联邦政府对储存地点的长期管理，同时要求成立一支信托基金以弥补封存的成本和债务 |
| 欧盟 | 欧盟 2008 年 1 月通过的综合污染预防与控制指令（第 2008/1/EC 号指令），规定了碳捕集对环境和人类健康带来的风险防控措施。2009 年 4 月通过的关于碳地质封存的欧盟指令（第 2009/31/EC 指令），规定了允许勘探和封存的监管制度。2008 年 12 月发布的 CCUS 草案，规定了碳封存位置的立法框架。此外，欧盟完成了对欧洲排放交易体系的修订，在 2003/87/EC 号指令中规定温室气体排放配额交易机制纳入 CCUS，包括：解释 CCUS 在该机制的作用、有关拍卖和免费配额的规定、通过新入者储备来资助 CCUS 活动，修订后的体系成为推动 CCUS 发展的主要激励机制 |

表4-2(续)

| 国家或组织 | 政策法规 |
|---|---|
| 英国 | 英国2008年通过《能源法案》规定了CCUS许可、执行和封存地点注册的框架。关于电厂的捕集,英国政府宣布从2009年4月,发电量超过300MW的新建燃煤电厂必须为捕集设施预留适当空间,为碳捕集做好准备 |
| 挪威 | 挪威政府通过的《挪威污染防治法》规范了CCUS的许可问题,包括许可证申请、收回、主管部门责任、检察权力等。《挪威温室气体排放交易法》又对安装CCUS技术的电厂提交相当于其剩余排放量的配额进行了规定 |

### 4.2.3 政策工具灵活

面对CCUS技术的高昂成本,国外许多国家或组织采取了适合自己的公共财政政策工具(见表4-3),如:通过公共资金投入、政府补贴、科研资助、税收优惠、征收碳税等途径提供有效的资金支持,以促进CCUS的全面推广。

表4-3 部分国家或组织发展CCUS的公共财政政策工具[①]

| 财政工具<br>国家或组织 | 政府补贴和投资 | 研发资助 | 税收政策 | 市场化手段 |
|---|---|---|---|---|
| 美国 | √ | √ | √ | √ |
| 欧盟 | √ | √ |  | √ |
| 挪威 | √ | √ | √ | √ |
| 澳大利亚 | √ | √ |  |  |
| 加拿大 | √ | √ |  | √ |
| 英国 | √ | √ |  | √ |
| 韩国 | √ | √ |  |  |

注:"√"表示采取的政策。

表4-3反映了部分国家或组织运用公共财政政策工具支持CCUS发展的大致情况。美国、挪威、欧盟、澳大利亚和加拿大在CCUS技术方面处于世界领先地位,政府的财政支持力度也相应较大,除了对项目的研发进行资助外,这

---

① 中国21世纪议程管理中心.碳捕集、利用与封存技术进展与展望[M].北京:科学出版社,2012:147.

些国家或组织都采用了政府补贴和投资的财政政策，并运用市场化的手段来激励 CCUS 的推广。虽然韩国政府推广 CCUS 技术的时间晚于上述西方国家及组织，但是韩国政府从一开始着手项目起就特别重视，无论是在政策目标还是在政策法规上，都制定了明确的规划和制度保障，在财政支持方面则是以政府为主体进行补贴和投资，有计划地投入资金用于发展 CCUS。韩国可作为亚洲国家重视 CCUS 的典型。

总体来说，国外运用公共财政政策工具及政策措施的特点可以归纳为以下几方面：

（1）普遍形成了较为完善的资金投入和政府补贴机制，促进了 CCUS 技术的发展。

多国政府在财政方面对 CCUS 技术的支持逐年增大。根据国家财政情况，多国政府通过直接投入资金和国家财政补贴两种形式给予支持，形成了比较完善的投入和补贴机制。比如美国能源部在 2010 年批准了近 40 亿美元国家资金用于 CCUS 的示范项目；欧盟的欧美复苏计划中有 10.5 亿欧元（合 15 亿美元）用于支持欧洲的 7 个 CCUS 项目；挪威为 Monstad CCS 项目提供了 9.05 亿美元以支持该项目的建设和运营；英国碳捕集与封存研究中心获得的 750 万英镑推动资金中，有 610 万英镑来源于英国研究委员会能源计划。

这些投资和补贴为 CCUS 的发展提供了稳定的资金来源，为实现上述各国及组织 CCUS 项目的发展目标打下了坚实基础。根据上述各国及组织发布的 CCUS 项目计划，它们的 CCUS 投资项目基本上都将在 2020 前完成，投资总额合计约有 400 亿美元。

（2）注重 CCUS 研发活动，给予充分的经费资助。

CCUS 的研发与推广活动，大多由科研机构、大学和工业集团实施，采用政府直接资助的方式。比如荷兰的 CCUS 研发项目在 2004—2008 年获得了政府 2 500 万欧元的经费资助；英国政府在 2005 年设立了一个 3 500 万英镑的基金，以激励对 CCUS 技术有贡献的业界牵头示范项目；英国碳捕集与封存研究中心于 2017 年获得 750 万英镑的推动资金，其中有 610 万英镑来源于英国研究委员会能源计划，150 万英镑来自其他合作机构；挪威政府则成立了 Gassnova SF 国有公司，管理新的 CCUS 项目和资金。

（3）实行多种形式的税收优惠政策，鼓励 CCUS 的发展。

税收优惠政策是多数国家支持 CCUS 发展的重要政策之一，通过对 CCUS 行业实施减免税政策，减轻经营者的负担，从而鼓励私人投资 CCUS。比如：美国 2008 年提出的《减碳科技桥法 2008》中最高税收减免达 30 美元/吨 $CO_2$；

而在美国国会参议院通过的 7 000 亿救市方案中，约有 25 亿美元用于 CCUS 技术研发公司的减税。

（4）开征碳税，为 CCUS 筹资。

大多数国家征收碳税的目的不是为了增加财政收入，而是为了限制碳排放，但碳税征收政策的实行也为抵偿 CCUS 的投资成本，筹集项目发展资金提供了一种更有效的途径，对 CCUS 的投资产生了明显的影响。比如挪威政府1991 年就开始征税碳税，这使得挪威的一些 CCUS 示范项目在经济上实现可行，并且在一年半的时间里节约的税金就抵偿了 CCUS 的投资。

（5）开拓市场化融资渠道，为 CCUS 发展融资。

市场化融资手段的采用取决于 CCUS 技术的成熟程度。一些国家 CCUS 技术发展成熟，运用市场化的融资手段可以吸引更多企业投资 CCUS 项目，也为CCUS 的发展争取更多的社会资金。比如：欧盟利用排放配额交易的方式为CCUS 筹集资金支持；美国成立的 CCUS 专用信托基金为 CCUS 的发展提供了多渠道的融资途径，弥补了项目的巨额成本。

## 4.3　借鉴与启示

### 4.3.1　国外 CCUS 公共财政政策在我国的适用性

（1）制定长远可行的 CCUS 公共财政政策规划。

制定任何一个政策，不管是发达国家还是发展中国家，都必须要有一个确实可行的目标和长远的规划。CCUS 的发展是一个长期工程，一个清晰的总体规划有助于该项目的具体落实。因此，CCUS 公共财政政策的制定也必须要基于长远规划，不能急功近利。比如美国把"碳捕捉"列入清洁煤技术并在《利伯曼-华纳气候安全法》中做出了很好的规划；欧盟到目前为止通过了七个框架计划，逐步实现 CCUS 的发展。

依据国际经验，我国在实施 CCUS 公共财政政策时，也必须制定目标、原则和长期规划。在制定规划时，要结合我国的实际国情，充分考虑我国的技术水平、国家财力状况等情况，在现实可行性的基础上，提出具体可操作的财政政策。

（2）政府高度重视。

一项经济行为的顺利进行，离不开政府、企业和民间三种力量发挥合力的共同作用。而对外部性强的行为，政府则发挥着主导作用。CCUS 的发展也同样遵循此原则，特别是在 CCUS 的发展早期，因技术力量薄弱、投资成本高、见效周期长等原因，更需要依靠政府的力量来推动。在美国，政府高度重视 CCUS，制定了系列政策；澳大利亚联邦政府和地方政府都关注 CCUS 行动，提出了许多有效的财政金融措施；印度作为一个发展中国家，虽然不需要承担任何有约束力的减排目标，但政府却积极重视，是碳收集领导论坛的创始成员国家之一，在国内制定了洁净煤技术路线图，为推动 CCUS 技术的发展和传播制定了一系列的措施。

我国政府在促进 CCUS 研发和推广过程中，应发挥主导作用，采用合理的公共财政政策，加强政策执行力，在国家财力范围内统筹安排预算资金，综合利用政府补贴、税收等手段，保证 CCUS 的良性发展。

（3）运用多种政策工具多渠道地筹集资金。

在公共财政政策工具的选择中，国外多数国家采用了多种政策工具。比如：挪威对 CCUS 公共财政政策工具的选择就极具典型性，该国政府在综合运用政府补贴与投资以及税收政策手段的基础上，通过建立信托基金的市场化手段为 CCUS 的发展筹集资金。信托基金的运用不但有利于协调政府、企业、科研机构和媒体等各方面的力量，共同关注和培育 CCUS，而且能帮助企业更好地识别节能和减排潜力，把握和辨别新的投资机会，进而提高利润。欧盟通过政府补贴和投资的方式为 CCUS 的发展投入大量资金，另外还通过实施排放额交易的方式筹集资金，鼓励 CCUS 的发展。美国的公共财政政策和挪威有很多相似之处，除了政府财政拨款提供 34 亿美元外，还从不同角度为 CCUS 融通资金，实现了 CCUS 投资主体多元化。

与发达国家相比，我国的 CCUS 资金整体投入力度明显不足，这其中既有政府资金问题，也与目前的金融体制有关；加上我国公共财政激励政策对社会资金的拉力不够，致使 CCUS 社会资金投入不到位。在我国 CCUS 公共财政政策的制定中应注意吸取国外的先进经验，全方位、多角度、多渠道地为我国的 CCUS 的资金筹集做贡献。

（4）注重配套措施建设。

公共财政政策作用的发挥离不开一系列配套措施的支持，包括相关配套法律法规的完善、金融配套措施建设、国际交流与合作制度建设、公众意识建设等方面的配套。如美国政府要求碳捕集要遵守《清洁空气法》，碳运输要遵守《危险液体管道法案》和《危险物品运输法案》，碳封存要遵守《安全饮用水法案》，还通过《碳存储管理信托基金法》对基金进行管理。

我国在公共财政政策的实施中应注意相关配套措施的建立和完善，发挥财政政策的扶持作用，促进 CCUS 的推广。

### 4.3.2　我国借鉴国外 CCUS 公共财政政策的特殊性

（1）CCUS 公共财政政策的制定应与国家经济发展阶段相适应。

CCUS 的发展是一个循序渐进的过程，其公共财政政策的制定也不是一蹴而就的，应在充分考虑国情的基础上，对 CCUS 的政策目标及措施做出合理规划与部署。比如，目前国外一些国家和组织如美国、欧盟、加拿大、澳大利亚等对 CCUS 投入了大量资金。考虑我国的财政状况，我国政府像上述国家和组织一样突然投入那么多资金是不可能的，也是不现实的。又如欧盟实施了排放额交易的举措，这个举措能为 CCUS 筹集较多资金，但对我国来说同样也是不适用的，因为不符合我国当前的政策条件。因此，制定 CCUS 公共财政政策时必须做到与我国国情相适应、与我国现阶段的经济发展水平相适应。

（2）政策实施部门的设立应根据国情。

政策实施部门的设立与合理分工有助于提高政策的执行力。美国在指导 CCUS 行动中采取了联邦政府与地方政府共同参与的方式。联邦政府中又主要由能源部、环保署、交通部负责，形成能源部为主导、环保署、交通部配合的责任机制。我国 CCUS 的发展工作目前是由中央政府主导，其公共政策的制定与执行部门划归到国家发展和改革委员会应对气候变化司。由于当期 CCUS 在我国处于早期阶段，地方政府还没有履行责任。随着 CCUS 的不断成熟与推广，私人资本的不断介入，在该技术进入到中期发展阶段以后，涉及封存地点周边土地的使用权和通过权等方面的问题，会逐渐交给地方政府处理。当前我国 CCUS 由中央政府主导、发改委应对气候变化司落实的做法是符合我国基本国情和现阶段技术发展需要的。

（3）碳税的开征应适时适度。

在 CCUS 公共财政政策工具的使用中，美国、挪威、澳大利亚实行了征收碳税的做法。碳税的征收一方面有效地抑制了二氧化碳的排放，另一方面为 CCUS 筹集了资金，抵偿了部分投资成本。对我国现阶段二氧化碳的减排任务与经济发展水平以及公众减排意识的培养来说，碳税的开征是势在必行。但是碳税的开征应适时推出，适度执行，循序渐进，不能一步完成。在税率设计时应充分考虑企业的生产积极性和减排的效果，不能过高，也不能过低。在碳税的课税范围上，也不能一刀切，应考虑我国的资源、环境、经济发展水平、居民接受程度等多方面因素；征收碳税的最终目的是在保证总体的碳减排效果的情况下，不会对我国经济带来较大冲击①。

### 4.3.3 国外 CCUS 公共财政政策对我国的启示

从国外主要国家发展 CCUS 的公共财政政策经验来看，稳定、健全、有效的公共财政渠道的建立和相关政策的实施是解决 CCUS 大量且稳定资金来源的关键。我国 CCUS 的发展必须在借鉴国外成功经验的基础上，结合我国国情，构建适合我国 CCUS 发展的公共财政政策。

(1) 构建 CCUS 价值评估体系。

构建一套 CCUS 的经济价值评价体系，这是建立 CCUS 公共财政政策的前提。因为经济价值是判断 CCUS 项目是否值得投资的重要指标，它为公共财政制度的建立决策提供科学依据。

我国虽然开始重视 CCUS 技术的发展，但是没有建立 CCUS 的公共财政政策的一个重要原因是没有对 CCUS 的经济价值进行确切的估算和评价，CCUS 项目在经济上的价值得不到体现，使得政府没有一个明确的投入资金参考标准，故而出现投入力度不够的现象。因此，建立我国 CCUS 发展的公共财政政策的前提是完成对 CCUS 的经济价值评价。

(2) 确定 CCUS 公共财政支持的总体思路。

CCUS 的推广和发展是一个长期的过程，其公共财政政策的制定也必须基于系统和长远的规划。国外多数国家通过各种法律法规对 CCUS 进行了系统的规划。借鉴国外经验，我国政府在落实 CCUS 公共财政政策时应注意明确目标、统一规划、统筹部署，保证财政工具的效果和政策的整体效应。在对 CCUS 财政政策进行总体规划时，应结合我国的 CCUS 发展进程、技术水平，充分考虑经济基础、财政收支情况、市场对该项目的接受能力等，在综合考虑各环节可行性的基础上，制定总体规划和思路，提出具体的可操作的公共财政政策。

(3) 建立 CCUS 公共财政投入机制。

充分运用公共财政扶持政策，引导企业进行技术创新，建立公共财政投入机制，让扶持资金充分发挥"四两拨千斤"的作用，吸引民间资本进入，增强企业创新技术的资金实力。

第一，建立财政预算投入机制。根据全球碳捕捉与封存研究院的统计，从 2005 年到 2010 年，世界范围内由政府和国际组织承诺的支持 CCUS 大规模发

---

① 盛丽颖. 中国碳减排财政政策研究 [D]. 沈阳：辽宁大学，2011：97-102.

展项目的资金超过了 260 亿美元。对我国的 CCUS 建设来说,需要加大 CCUS 的财政预算投入力度,建立财政支持长效机制,将 CCUS 列入公共预算的支持范畴,把 CCUS 发展资金作为政府财政的经常性支出,为 CCUS 行业可持续发展提供有力保障。

第二,实行政府补贴和投资。CCUS 项目风险高,投资回报期长,要提高企业参与项目建设的积极性,政府的财政补贴必不可少。实行 CCUS 补贴政策,通过财政补贴能鼓励企业加强研发能力,推动技术进步,降低经营成本。同时综合考虑补贴力度和补贴方式,把财政补贴与企业经营状况结合起来,提高整体效益。而实施政府投资,加强投资力度,能保证 CCUS 专项资金的稳定增长,以确保 CCUS 技术不断取得新的进展。

(4)实施 CCUS 税收政策。

国外一些国家通过实施税收政策取得了较好的成效,如美国 2008 年提出的《减碳科技桥法 2008》鼓励私营企业投资 CCUS;挪威则通过征收碳税为 CCUS 筹集资金。根据国外的成功经验,可以采用减税和征收碳税两种方式,构建有效的政府减免税和征税机制:一是制定对包括碳捕捉、运输、封存以及再利用等项目在内的 CCUS 行业税收减免政策,鼓励企业和私人对 CCUS 的投资及研发;二是开征碳税、建立征收生态环境补偿费制度,用高碳行业征收的税收抵偿发展 CCUS 的成本。

(5)实行 CCUS 市场化融资手段。

借鉴美国、欧盟、挪威的市场化融资经验,我国可以通过建立 CCUS 专项基金,为 CCUS 大规模运行筹集资金。基金的建立可以考虑以政府投入为主导,企业和民间投入跟进的投入模式,一方面为 CCUS 的研发和推广提供资金支持,另一方面也保证了投资者的积极性。

## 4.4  本章小结

本章在介绍国外一些国家和地区的 CCUS 的公共财政政策概况的基础上,分析了国外 CCUS 项目公共财政政策的特点,并针对我国公共财政支持该技术过程中出现的问题,通过借鉴国外的先进经验,得到了我国公共财政支持 CCUS 发展的重要启示,为我国的 CCUS 公共财政政策的合理制定提供了思路。

# 5 我国 CCUS 价值估算模型的构建

经济价值是判断 CCUS 项目是否值得投资的重要指标，它为公共财政制度的建立决策提供科学依据。因此，建立我国 CCUS 发展的公共财政政策的前提是对 CCUS 项目进行价值评估，确定其经济价值。

## 5.1 CCUS 价值估算的重要性

通过对 CCUS 项目的成本价值估算，把 CCUS 的非核算价值变为可核算财富，这是制定 CCUS 公共财政政策的前提和重要基础工作。国家对 CCUS 的公共财政扶持离不开价值估算，没有 CCUS 的价值估算，公共财政政策的制定就缺少可参照的依据，只能停留在理论强调环节；没有 CCUS 的价值估算，政府无法根据其价值量确定具体的资金投入、财政补贴数额，也就无法解决 CCUS 发展中遇到的资金瓶颈问题。因此，CCUS 价值估算的意义重大。

（1）对 CCUS 进行价值估算，有利于促进 CCUS 的价值量化，进而为 CCUS 项目的投资决策提供科学依据。

（2）对 CCUS 进行价值估算，把 CCUS 的非核算价值变为可核算财富，据此可做出 CCUS 项目发展现状、未来趋势和对经济社会发展保证程度、可持续性的预测，为国家的政策制定提供重要依据。

（3）通过 CCUS 价值估算，可以合理制定碳捕捉、运输、封存、再利用四个环节的系统产出价格，为碳资源市场的建立创造条件，有助于发挥价值规律和价格的杠杆作用，实现产品交易，调节供求关系，引导 CCUS 资源的合理配置和各类"碳产品"的利用方向。

（4）CCUS 的价值估算，能实现 CCUS 价值的量化，促进国家对 CCUS 各环节产出资源的合理使用和有效流转，提高 CCUS 项目的经济效益、社会效益和生态效益。

（5）进行 CCUS 价值估算，具体量化 CCUS 项目的经济价值，为公共财政投入及政策的制定提供可参考的量化额，便于统筹公共财政资金的投入和相应政策的制定、实施以及在政策落实过程中调节各种利益关系。

## 5.2  CCUS 的价值链构成分析

CCUS 系统是一个集技术、企业、产业为一体的复合系统。要完成 CCUS 整个系统的价值认定，需要首先识别该系统四个构成环节各自产生的价值，然后再汇总这四个环节价值，即 CCUS 的总价值。为了计算碳捕捉、运输、封存和再利用环节各自的价值，可以根据二氧化碳的处理过程，构建二氧化碳价值链的构成模式，再根据其价值链构成，分析计算链条的价值。

受我国梁大鹏（2009）[①] 的启发，根据 CCUS 系统流程中 $CO_2$ 不同形态阶段的构成形态、$CO_2$ 处理过程以及资金流运行状态的分析，本书构建出 CCUS 的价值链及其资金流运行模式（见图 5-1）。

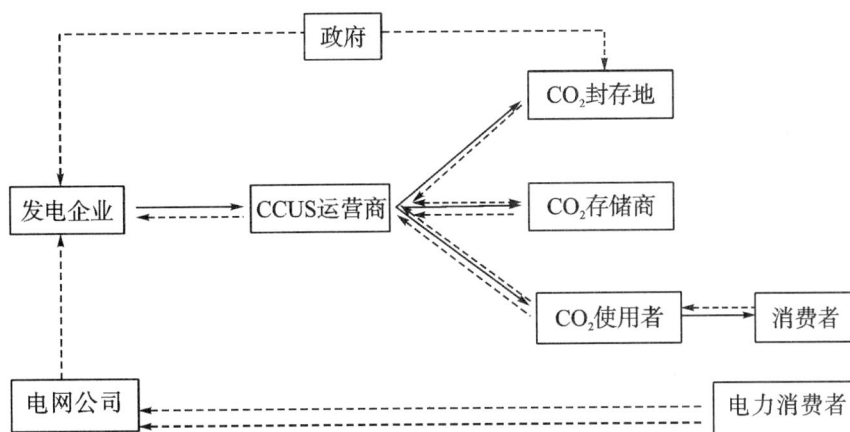

图中实线表示CCUS价值链运行方向，虚线表示CCUS资金流动方向

**图 5-1  CCUS 价值链运行模式**

---

① 梁大鹏. 基于电力市场的中国 CCUS 商业运营模式及仿真研究 [J]. 中国软科学，2009（2）：151-163.

### 5.2.1 CCUS 的价值链构成

CCUS 系统包括四个阶段：二氧化碳的捕捉阶段、运输阶段、封存阶段、再利用阶段。在系统的不同阶段，二氧化碳的处理方式不同，其呈现的具体形态也不同。在不同的形态转换中，二氧化碳实现着价值的转移，构成了二氧化碳的价值链。

在这个价值链条中，二氧化碳最初以在生产加工过程中直接释放出来的原始形态出现，一般集中在化工生产行业、钢铁制造行业、发电行业、石油行业、矿物品制品生产行业等，其中以发电行业为主。对这种形态的二氧化碳进行处理是 CCUS 系统的第一环节，即 $CO_2$ 的捕捉，这也是 $CO_2$ 价值链的第一阶段。鉴于发电行业是最大的来源产业，本书假设 $CO_2$ 的捕捉是在发电企业完成的。

原始形态的 $CO_2$ 经过燃烧后分离或燃烧前分离或富氧燃烧分离等捕捉技术手段的处理达到一定的标准后，以液体、气体的形态存在。这种 $CO_2$ 的存在形式通过管道、船舶等运输方式输送到存储地或使用部门，这个运输过程为 CCUS 系统 $CO_2$ 价值链运行的中端，即第二阶段。

把二氧化碳直接封存到地下或海底为该系统 $CO_2$ 价值链运行的第三阶段。

对 $CO_2$ 进行加工、制造转化为有机物或者注入油层或煤气层，这是对 $CO_2$ 进行再利用，为 $CO_2$ 价值链的第四阶段。

### 5.2.2 CCUS 的资金流运行模式

在 CCUS 四个阶段构成的价值链中，包含了对二氧化碳进行不同阶段处理的经营者，分别是二氧化碳的捕捉者、运输者、储存者和使用者。这四类经营者不但实现了二氧化碳价值流的转换，而且还进行着 CCUS 系统中资金流的分配活动。

在 CCUS 系统的价值链中，处于链条开端的发电企业必须投入资金为实现二氧化碳的捕捉改造现有设备。同时，作为二氧化碳价值链的起点，电站一方面会将收集的 $CO_2$ 出售给运营商（运输部门），收取一定的费用；另一方面为了弥补减排改造投资的成本，电站会在电价中按照比例适当提高电价。这笔增加的费用由电网公司承担，最终电网公司会从消费者那里获得补偿。作为二氧化碳减排的重要产业，政府也会给予电站一定程度的补贴。

处于价值链中间环节的是 CCUS 的运输部分，这个环节的运营商需要负责把从电站购入的 $CO_2$ 销售给 $CO_2$ 的使用者和存储商，从中获取利润，同时需要付出成本，对 $CO_2$ 运输的基础设施进行投资和运行维护。

$CO_2$ 价值链第三阶段是封存，即直接对 $CO_2$ 进行封存，将 $CO_2$ 注入地下或海洋中长期封存起来，以减少空气中 $CO_2$ 的含量。在这个过程中，作为公众利益代表的政府负责其费用。

价值链最终端的产业由两部分构成：一是存储商，采取二氧化碳驱油技术可以提高油田（煤层气）采收率，延长油田（煤层）生产寿命以获得部分利润；二是继续使用 $CO_2$ 的使用价值，将其转化为产品或用于增产的生产商，他们向运营商购买 $CO_2$，并把 $CO_2$ 投入生产过程，最终将其转化为产品，如化肥、二氧化碳降解塑料等，出售给消费者，从而获取利润。

综合上述分析，CCUS 系统价值链的价值构成如图 5-2 所示。

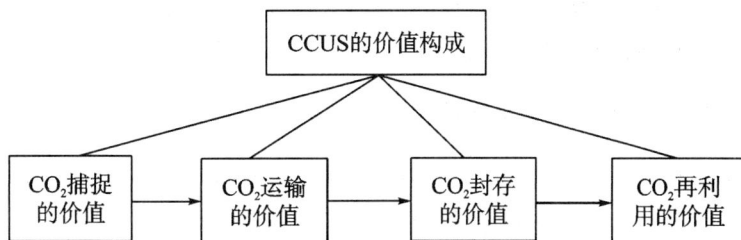

图 5-2　CCUS 系统价值构成图

## 5.3　CCUS 的价值估算模型

CCUS 项目的价值由其 $CO_2$ 捕捉的价值、$CO_2$ 运输的价值、$CO_2$ 封存的价值、$CO_2$ 再利用的价值组成，运用成本估算法分别计算出这四个环节的具体价值，再将这四个环节的具体价值进行汇总即可以得到 CCUS 的价值总额。其中，$CO_2$ 捕捉的价值计算根据 5.2 节 CCUS 价值链构成中对 $CO_2$ 捕捉来源行业的分析可知，发电企业是最大的来源行业，因此，这部分的价值以电站的投入费用来计量；$CO_2$ 运输的价值是 CCUS 运营商对运输系统投入所需的资金，以运营商的投入金额来计量；$CO_2$ 封存的价值可根据 $CO_2$ 直接封存所需的费用来计量；$CO_2$ 再利用的价值的计量应汇总该阶段二氧化碳的两种利用价值所需要的费用：一是采用二氧化碳驱油技术，将 $CO_2$ 注入油层或煤气层提高采收率所需的投入费用；二是把 $CO_2$ 当作生产原料进行再加工产生新的工业制成品或食品所需要的资金。

综合上述分析，CCUS 项目价值的计量模型可表示为：

$$V_T = V_c + V_t + V_s + V_r \qquad (5.1)$$

其中：

$$V_r = V_e + V_u \qquad (5.2)$$

式中：

$V_T$——CCUS 项目的价值；

$V_c$——该项目电站进行 $CO_2$ 捕捉时投入的费用；

$V_t$——已投入到项目的所用运输费用；

$V_s$——该项目 $CO_2$ 直接封存需要的费用；

$V_r$——对该项目 $CO_2$ 进行再利用所投入的价值总额；

$V_e$——该项目 $CO_2$ 进行二氧化碳驱油所需的投入费用；

$V_u$——该项目 $CO_2$ 进行资源化再利用的投入费用。

### 5.3.1 $CO_2$ 捕捉的价值确定

电站是 CCUS 价值链的起点，它对二氧化碳的捕捉效果直接影响 CCUS 项目的运行。根据前面对 CCUS 系统资金流运行模式的分析，为了进行 CCUS 项目，电站必须投入大量资金对现有设备进行改造，并根据实际情况，采取燃烧后分离技术或燃烧前分离技术或富氧燃烧技术，安装相应的二氧化碳采集系统，以保证碳捕捉系统的正常运行。完成二氧化碳捕集以后，电站将收集的 $CO_2$ 出售给 CCUS 项目的运营商以进行下一环节的运输。此外，电站会采取提高电价的办法获得收益，以填补因减排改造而产生的投资设备的成本和运行成本。

根据这样的运行模式，$CO_2$ 捕捉价值的计量是：

$$V_c = C_c + T_c - P_{co_2} \cdot r \cdot Q_e - P_e \cdot Q_e \qquad (5.3)$$

式中：

$C_c$——电站为捕捉 $CO_2$ 进行设备改造的投资和运行总成本；

$T_c$——发电企业的税收；

$P_{co_2}$——向运营商出售 $CO_2$ 价格，单位为（元/吨 $CO_2$）；

$r$——每千瓦时采集的 $CO_2$ 数量；

$Q_e$——电网公司销售的电量；

$P_e$——电价。

由于电价上涨，电网公司购入电量与电价上涨成反比关系，因此：

$$Q_e = aP_e^{-b} \qquad (5.4)$$

式（5.4）中，$b$ 为发电企业的弹性价格，这里 $b>1$，是因为我国电网资源的独占性决定了其具有对发电企业的选择权，可以通过产品替代实现它的需求弹性。

### 5.3.2 CO₂ 运输的价值确定

$CO_2$ 的运输处于价值链的中间环节，是 CCUS 项目的重要部分。CCUS 项目的运输系统是由运营商负责的，他们的职责是对整个 $CO_2$ 运输系统进行规划、投资和运营。运营商通过对 $CO_2$ 进行提纯和压缩，再根据二氧化碳最终的用途选择相应的运输方式。如果是地质封存或是 $CO_2$ 资源化再利用，运营商可采取公路罐车、铁路罐车或是管道运输的方式，其中以管道运输为主；如果是海洋封存，则采用船舶运输方式。不同运输方式的基础设施投资和运行维护成本不同，为了计算方便，假设运营商的运输网络已经实现最优，他们的运输成本只与运输数量相关。

运营商把从电站购入的 $CO_2$ 运输销售到 $CO_2$ 的储存地和再利用点，从中获取利润。他们的销售收入来自三方面：

一是直接运输到封存地完成封存，这种方式减少了大气中的二氧化碳排放量，降低了温室效应，缓解着气候危机，有巨大的外部性，因此作为公众利益代表的政府对直接封存过程负责，该环节产生的一切费用由政府支出；

二是销售给运用 $CO_2$-EOR（二氧化碳驱替采油）、$CO_2$-EGR（二氧化碳驱替采天然气）、$CO_2$-ECBM（二氧化碳驱替采煤层气）等方式提高油气田的采收率的石油行业或煤炭行业，并向此行业收取销售收入；

三是销售给把 $CO_2$ 作为生产原料进行资源化和规模化再利用的企业，比如制药、饮料、化工等，并从这些企业获取销售收入。

因此，$CO_2$ 运输的价值确定的公式可表达为：

$$V_t = C_t + P_{co_2} \cdot r \cdot Q_e + T_t - P_g \cdot Q_g - P_{m_1} \cdot Q_{m_1} - P_{m_2} \cdot Q_{m_2} \qquad (5.5)$$

其中：

$$Q_m = Q_{m_1} + Q_{m_2}$$

式中：

$C_t$ ——二氧化碳运输系统的投资和维护总成本；

$P_{co_2}$ ——购入的 $CO_2$ 电价，单位为（元/吨 $CO_2$）；

$r$ ——每千瓦时采集的 $CO_2$ 数量；

$Q_e$ ——电网公司销售的电量；

$T_t$ ——运营商上交的税收；

$P_g$——向政府封存地出售的 $CO_2$ 价格；

$Q_g$——向政府封存地出售的 $CO_2$ 数量；

$P_{m_1}$——向石油行业或煤炭行业出售的 $CO_2$ 价格；

$Q_{m_1}$——向石油行业或煤炭行业出售 $CO_2$ 的数量；

$P_{m_2}$——向二氧化碳再利用部门出售的 $CO_2$ 价格；

$Q_{m_2}$——向二氧化碳再利用部门出售 $CO_2$ 的数量。

### 5.3.3  $CO_2$ 封存的价值确定

$CO_2$ 封存对 CCUS 系统的正常运行发挥着至关重要的作用。该环节体现了 CCUS 的重要价值，有利于达到有效减少碳排放的目的，实现温室气体减排目标，改善人类气候环境，产生了明显的外部效应。因此，政府承担着 $CO_2$ 封存产生的费用，它的价值计量表达式是：

$$V_s = C_s + P_g \cdot Q_g \tag{5.6}$$

式中：

$C_s$——封存过程中政府投入的设备、人力等总成本；

$P_g$——政府向运营商购买的 $CO_2$ 价格；

$Q_g$——政府向运营商购买的 $CO_2$ 数量。

### 5.3.4  $CO_2$ 再利用的价值确定

$CO_2$ 再利用可以创造经济效益，补偿 CCUS 项目的巨额成本，这一阶段处于 CCUS 价值链的最末端，由两部分构成：一是被石油、煤炭行业利用，以提高采收率；二是被饮料、化工等行业利用进行产品生产。

（1）石油、煤炭行业利用二氧化碳来驱油，采用 $CO_2$-EOR、$CO_2$-ECBM 技术，把 $CO_2$ 注入油层或煤气层，在实现封存的同时又提高了油田（煤层气）的采收率，它的价值以提高的油气田或煤气层产量获得的收益来计算：

$$V_e = C_e + P_{m_1} \cdot Q_{m_1} + T_e - Q_p \cdot P_p \tag{5.7}$$

式中：

$C_e$——石油、煤炭行业投入的设备、人力等总成本；

$P_{m_1}$——石油、煤炭行业购入 $CO_2$ 的价格；

$Q_{m_1}$——石油、煤炭行业消耗掉的 $CO_2$ 数量；

$T_e$——企业的税收；

$Q_p$——因注入 $CO_2$ 提高油气田或煤气层的产量；

$P_p$——每单位原油气（煤）售出的价格。

（2）一些饮料和化工等行业以营利为目的，从运营商处购买二氧化碳，将它作为生产要素继续投入生产，制成成品。它的价值从利用二氧化碳后实现的生产产品收益来体现，其计量方式为：

$$V_u = C_u + P_{m_2} \cdot Q_{m_2} + T_u - Q_q \cdot P_q \tag{5.8}$$

式中：

$C_u$——生产商投入的设备、人力等总成本；

$P_{m_2}$——生产商购买的 $CO_2$ 价格；

$Q_{m_2}$——生产商购买使用的 $CO_2$ 数量；

$T_u$——生产商上交的税收；

$Q_q$——把 $CO_2$ 投入生产过程后转化为生产产品的产量；

$P_q$——厂商销售给消费者的价格。

汇总上述价值总额，二氧化碳再利用阶段的价值为：

$$V_r = V_e + V_u$$
$$V_r = C_e + P_{m_1} \cdot Q_{m_1} + T_e - Q_p \cdot P_p$$
$$+ C_u + P_{m_2} \cdot Q_{m_2} + T_u - Q_q \cdot P_q \tag{5.9}$$

### 5.3.5　CCUS 价值的计量

综合上述分析，汇总 CCUS 价值链四个环节的价值，可以计算出 CCUS 项目的价值。

已知式（5.3）、式（5.5）、式（5.6）、式（5.9），代入式（5.1），得到：

$$V_T = C_c + T_c - P_e \cdot Q_e + C_t + T_t$$
$$+ C_s + C_e + T_e - Q_p \cdot P_p$$
$$+ C_u + T_u - Q_q \cdot P_q \tag{5.10}$$

其中：

$$C = C_c + C_t + C_s + C_e + C_u \tag{5.11}$$
$$T = T_c + T_t + T_e + T_u \tag{5.12}$$

将式（5.11）、式（5.12）代入式（5.10），得到 CCUS 项目的总价值：

$$V_T = C + T - P_e \cdot Q_e - Q_p \cdot P_p - Q_q \cdot P_q \tag{5.13}$$

可以看出，CCUS 项目价值量的大小主要取决于 CCUS 项目全部成本及其税收，电网公司提高电价、石油或煤炭企业提高油气田或煤气层的开产量带来的效益，以及加工行业对二氧化碳的资源化利用获取的收益，能弥补部分成本。因而要确定某 CCUS 项目的价值，必须首先确定出该项目投入的成本、价值链条上各环节需要上交的税收以及相应的能补偿部分成本的项目收益，这样才能准确地确定某 CCUS 项目的价值。

若项目开发成本过大，税收过高，或者项目补偿价值太小，都会影响 CCUS 项目的投资。因此，要发展 CCUS 项目，刺激投资，政府的公共财政政策可从增加政府投入和补贴、吸引投资减轻成本压力和降低税收着手，同时适当提高电价，加快研发，降低项目开发成本以及提高二氧化碳再利用水平与效率。

## 5.4 应用实例

现以 CCUS 的价值估算为例，对 CCUS 的价值估算方法进行实例分析。假设正在规划某一 CCUS 项目，预计设备投入后先运行 20 年再改造，该项目将对某燃煤电厂进行设备改造采用燃烧后分离技术的方式完成 $CO_2$ 的捕捉，然后利用管道运输的方式把捕捉到的 $CO_2$ 一部分进行 EOR 封存，剩下部分运输到封存地进行深部盐水层封存。

在 $CO_2$ 捕捉环节，电站进行设备改造的总投资为 1.26 亿元，年运行总成本为 1 000 万元，发电成本为 0.12 元/千瓦时，电厂装机容量 500MW，年运行时间 5 000 小时，$CO_2$ 排放因子 0.833t/MWh，年捕捉量为 $3×10^5$ 吨。电网公司预计销售的年电总量为 250 万兆瓦，电价为 0.42 元/千瓦时，电网公司上交的年税收为 150 万元。捕捉到的 $CO_2$ 由运营商通过管道运输的方式运输到两个封存地，每吨 $CO_2$ 的运输成本约为 20 元/100 千米和 30 元/150 千米，运营商在该环节上交的年税收共 20 万元。该油藏离捕捉地有 100 千米，油藏的封存潜力为 $4×10^6$ 吨，成本为 120 元/吨，由于采用 $CO_2$-EOR 方式，该油藏增产原油年均产量为 $0.007×10^6$ 吨，原油价格 3 100 元/吨，油田因增产部分上交年税收为 $2.5×10^6$ 元。运输到 150 千米封存地进行深部盐水层封存的设备投入和维护成本共为 $30×10^6$ 元。

对该项目的价值评价，即需要投入的金额计算如下：

根据 CCUS 项目的价值构成，汇总 $CO_2$ 的捕捉价值、运输价值、封存价值和再利用价值四个环节的价值，即 CCUS 的总价值。

20 年内，电厂可以捕捉到的 $CO_2$ 总量为 $6×10^6$ 吨。电网公司 20 年内销售

总电价的利润为 $25 \times 10^6 \times (0.42 - 0.12) \times 20 = 150 \times 10^6$（元）。其投入的总成本为：

$$C_c = 126 \times 10^6 + 8 \times 10^6 \times 20$$
$$= 286 \times 10^6 (\text{元})$$

捕捉到 $CO_2$ 通过管道运输的方式分别运输到 100 千米的油藏进行 EOR 封存和 150 千米的封存地进行深部盐水层封存。由于油藏的封存潜力为 $40 \times 10^6$ 吨，通过 EOR 封存的 $CO_2$ 运输费用共为 $20 \times 4 \times 10^6 = 80 \times 10^6$（元）；深部盐水层封存的 $CO_2$ 运输费用为 $30 \times 2 \times 10^6 = 60 \times 10^6$（元）。故运输环节投入的总成本为：

$$C_t = 80 \times 10^6 + 60 \times 10^6 = 140 \times 10^6 \text{（元）}$$

采用 EOR 封存方式进行 $CO_2$ 再利用过程中，油田投入的成本为：

$$C_e = 120 \times 4 \times 10^6 = 480 \times 10^6 (\text{元})$$

增产的原油总价为：

$$3\,100 \times 0.007 \times 10^6 \times 20 = 434 \times 10^6 (\text{元})$$

已知交给政府进行深部盐水层封存的设备投入和维护成本为：

$$C_s = 30 \times 10^6 (\text{元})$$

此时：

$$C = 286 \times 10^6 + 140 \times 10^6 + 480 \times 10^6 + 30 \times 10^6 = 936 \times 10^6 (\text{元})$$

$$T = 1.5 \times 10^6 \times 20 + 0.2 \times 10^6 \times 20 + 2.5 \times 10^6 \times 20 = 84 \times 10^6 (\text{元})$$

根据式（5.13）总价值的计算公式，可以计算出该 CCUS 项目的总价值：

$$V_T = 936 \times 10^6 + 84 \times 10^6 - 150 \times 10^6 - 434 \times 10^6 = 436 \times 10^6 (\text{元})$$

通过上面的计算，可以得知：该项目的全部价值为 4.36 亿元，这也是整个项目需要投入的资金总额。要达到此资金规模，需要政府主导的公共财政政策的积极支持，这不仅包括公共财政扶持资金的大量投入、财政补贴手段的灵活运用、税收优惠及减免政策的实施，还涉及多元化融资渠道的优化、法律体系的完善、公众参与机制的建立等系统政策及支持体系的支撑。

## 5.5　本章小结

本章在 CCUS 价值估算的重要性指导下，对 CCUS 项目的价值链构成进行分析，运用成本分析法建立了 CCUS 的价值评价模型，并运用实例对 CCUS 项目的价值估算进行了案例分析。CCUS 价值链的分析以及价值估算模型的建立，可以科学地计量某 CCUS 项目的具体经济价值，这为政府的财政投入和政策制定提供了可供参考的决策依据。在已确定的价值量的指导下，政府根据每年的公共财政收支状况，可以衡量该项目是否在国家财政的承受范围内以及是否实施该项目；另外政府财政还可依据项目经济价值分析计算的经费需求制定和部署 CCUS 的公共财政投入金额、投资方式、税费制度以及其他配套政策和扶持措施。

# 6 我国 CCUS 公共财政政策设计

在前一章已确定的 CCUS 项目价值的指导下，政府依据计算出的价值总量制定 CCUS 的公共财政政策。为了最大限度地发挥公共财政政策在促进 CCUS 发展中的效用，借鉴国外 CCUS 公共财政政策的经验，本章结合我国国情和 CCUS 的发展现状设计适合我国 CCUS 早期发展的公共财政政策，包括公共财政支出政策和公共财政收入政策。

## 6.1 我国 CCUS 公共财政政策的设计思路

### 6.1.1 CCUS 公共财政政策的目标

在公共财政理论的指导下，我国 CCUS 公共财政政策的根本目标是：在缓解全球气候和环境危机，改善人类生存的气候环境，减少大气中的二氧化碳排放量，实现我国政府在 2009 年 11 月确定的控制温室气体排放的政策目的的大背景下，为推动 CCUS 的大力发展，保障 CCUS 的资金需求，采用一系列财政激励政策和税收优惠政策，形成一套以政府投资行为为主导，激发私人部门主动投资，为 CCUS 发展提供持续、稳定的资金支持的公共财政激励机制。具体目标是：

第一，构建以公共财政投入为主，促进 CCUS 发展的多元化财政政策机制。建立 CCUS 公共财政的投入机制，发挥公共财政投入在 CCUS 投入中的主导作用；通过公共财政投入的示范作用，积极引导私人部门资金的投入，全面开拓 CCUS 资金投入渠道。

第二，构建公共财政长效投入的公共财政政策机制。建立 CCUS 公共财政长效投入机制，确保 CCUS 发展有稳定的资金来源，促进 CCUS 的可持续发展。

第三，构建税收制度合理化的公共财政政策机制。规范税收制度，合理化征收标准，同时根据低碳经济发展的需要，适时开征碳税，构建合理的 CCUS 公共财政收入体系。

### 6.1.2 CCUS 公共财政政策的原则

我国 CCUS 公共财政政策的制定必须遵循以下原则：

（1）注重以公共财政投入为主。

鉴于 CCUS 具有的准公共产品和外部性的特征使得市场机制在 CCUS 领域失效，它的持续、稳定发展需要公共财政的介入，并且由公共财政发挥起资金供给的主要作用。因而，建立以公共财政投入为主的公共财政政策是为 CCUS 获得稳定资金来源，解决资金瓶颈，提供财力支撑的重要保障。

CCUS 的资金投入应纳入中央政府和地方政府的财政预算范围内，并按照财权与事权相结合的原则在各级政府之间划分。对关系重大的项目，比如国家级重点基础研究项目、国家级高技术研究发展项目、国际科技合作项目等围绕 CCUS 系统构成的各个环节进行相关科学理论和技术开发的研究项目要投入专项资金，优先发展，并逐步增加中央政府的资金投入量，发挥政府公共财政投入的主导作用，以政策的执行来激励 CCUS 科研项目的技术开发和研究。对某些示范项目，比如电厂改造、碳捕集示范、碳运输示范、煤制油示范工程等项目可以积极发挥地方政府的作用，采用以地方政府的资金投入为主的财政支出方式。

CCUS 公共财政资金的投入应在政府主导下进行，同时还需要企业和私人部门等方面的共同努力。在以公共财政投入为主的原则下，要注意多渠道、多层次、多方位筹集资金，尽量争取各类社会资金的支持。注意积极发挥政府公共财政以及公共政策的主体作用和引致作用，促使 CCUS 融资发展规模和水平的日益提高，使得其融资支持成为 CCUS 发展的外部催化剂。逐步建立起多渠道的资金筹集方式，形成多元化的资金投入机制，解决 CCUS 发展所需成本巨大，资金投入严重不足的问题。

（2）注重公共财政扶持资金的总量增长。

CCUS 作为减缓温室气体排放的重要战略选择，在我国气候变化战略中发挥着举足轻重的作用，它的发展对于实现大规模减排意义重大，而稳定增长的资金投入又是保证 CCUS 稳定发展的前提。

根据"基本公共服务均等化和社会发展成果国民共享化"的公共财政体制的要求，对 CCUS 的公共财政扶持资金的投入量需与国民生产总值、财政收入实现同步增长，以确保 CCUS 有足够的资金保障能持续发展，使国家对

CCUS 的资金投入与国家发展 CCUS 的需要实现协调和均衡。因此，需要建立 CCUS 的公共财政扶持资金总量增长机制，使国家对 CCUS 的投入力度增长率和国家财力的增长率同步，实现政府对 CCUS 的资金投入与国民经济的发展达到协调统一，以保障 CCUS 有稳定的资金来源。

（3）注重所运用政策的可操作性。

制定的 CCUS 公共财政政策是否落到实处，发挥实际效用，关键要看所采用的政策是否具有可操作性。因此，我们在制定 CCUS 公共财政政策时不但要借鉴国外先进的经验，更要注重我国的国情以及当前我国 CCUS 的技术发展情况、项目运行状况和我国的财政收支情况等实际状况。在制定政策过程中，要注意政策在我国的可操作性，一定不能简单照搬国际经验，超越国情和现实基础，出现欲速则不达的状况。

（4）注重统筹兼顾。

CCUS 是一个由碳捕捉、碳运输、碳封存和碳再利用四个环节所组成的系统，又是一个包括技术、企业、行业的系统，它的建设本身就是一个复杂的系统工程。对其公共财政政策的制定，要通盘考虑系统内部各个环节所承担的费用以及项目大小、项目类型等因素。这就需要国家政策全方位、全覆盖、多角度的引导，同时要注意统筹兼顾，不能顾此失彼。由于国家财力的有限，在制定 CCUS 公共财政政策时还需注意在坚持统筹兼顾的基础上抓住重点，要优先选择具有能突出解决技术问题，有代表性，针对性强的项目进行资金的重点扶持，但是对那些按照既定技术正在建设或者准备建设的项目，也不能忽视，也要投入比例适当的资金鼓励其建设并达到预期减排效果。

（5）注重动态性。

制定 CCUS 公共财政政策是为了给 CCUS 项目提供稳定的资金来源，以鼓励 CCUS 的发展。CCUS 的发展和其他技术的发展路径一样，会经历从发展初期到成长期再到成熟期的过程，这是一个动态的过程。因而在 CCUS 的技术逐步发展过程中，公共财政政策的制定也必须配合它的技术发展历程，在不同阶段给予不同的政策支持。比如在 CCUS 的发展早期，为了鼓励 CCUS 技术在低碳领域能全面推广，需要公共财政政策的全力支持，大量投入资金，制定积极的财政支出政策和减免税收的收入政策；随着 CCUS 技术的发展以及普遍推广，企业对该项目的信心越来越足，企业的积极性被全面调动，会主动投入资金参与到 CCUS 项目建设中，这时政府可以逐步降低投入资金比例，在宏观政策层面加以引导，鼓励该项目能持续发展。因此在 CCUS 公共财政支出政策的制定过程中要遵循 CCUS 的生命周期发展轨迹，坚持动态原则。

（6）注重效益性。

评判一项政策是否合理的标准是其效益是否最大化。我国 CCUS 公共财政政策的制定也必须符合这项评价标准，坚持运用效益性的分析方法。因此，我们在采用公共财政政策时，必须注重政策的效益性，对实施某项财政政策所支出的成本和获得的收益、社会效应、生态环境效益等进行全面的、综合的衡量。CCUS 公共财政政策的效益性原则，有助于我们在相同财政政策中做出政策的抉择，进而有助于优化我国的财政政策体系。

（7）注重财政政策与其他政策措施之间结合的协调性。

CCUS 公共财政政策要发挥积极作用，就不应被孤立地使用。除了支出政策和收入政策，CCUS 公共财政政策还必须与其他政策有机结合起来，特别是与货币政策、金融政策等协调配合使用，才能发挥 CCUS 财政政策的效力，更多地吸引社会资金，集中财力推动 CCUS 的发展。

### 6.1.3 CCUS 公共财政政策的重点政策定位

为了最大限度发挥公共财政政策的效用，本书借鉴国外 CCUS 公共财政政策的经验，根据我国 CCUS 的发展目标和设计框架，将促进我国 CCUS 发展的公共财政政策定位为 CCUS 公共财政支出政策和 CCUS 公共财政收入政策，设计如图 6-1 所示。

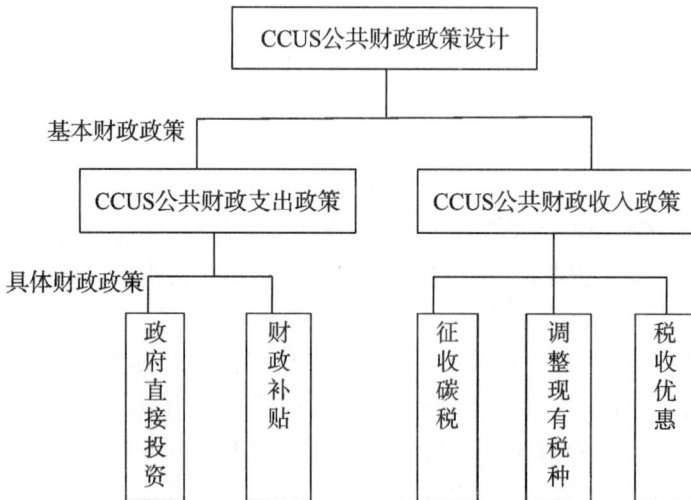

图 6-1　我国 CCUS 公共财政政策设计图

（1）制定 CCUS 公共财政支出政策。

CCUS 公共财政支出政策的制定是为了给 CCUS 项目提供稳定的资金来源，运用政府直接投资财政补贴等财政支出手段给予 CCUS 项目以政策性支持，促进 CCUS 技术开发，保证 CCUS 长期稳定的发展。

CCUS 公共财政支出政策的措施有：加强中央预算制度的建立，保证项目资金的稳定增长；加大政府直接投资水平，强化财政资金的引导作用；加强资金使用的管理水平，保证项目资金的规范利用；合理设计公共财政补贴的方式，保证项目资金的合理使用。

（2）制定 CCUS 公共财政收入政策。

CCUS 公共财政收入政策的制定是从促进 CCUS 的持续发展出发，在我国公共财政收入制度的总体框架下，根据 CCUS 的产业特征，建立适应 CCUS 发展目标和规划要求的合理的 CCUS 公共财政收入体系，以保证公共财政对 CCUS 支出扶持的需要。

CCUS 公共财政收入政策的措施有：在我国公共财政收入制度的总体框架下，根据 CCUS 的发展目标和发展规划，通过落实税收优惠政策来激发企业的积极性，鼓励更多的民间资本介入 CCUS 领域；同时建立碳税政策，对碳排放的企业适时适度征收碳税，以补偿 CCUS 的公共财政支出，最终建立起能激励 CCUS 产业发展的、完善的 CCUS 公共财政资金支持渠道与激励机制。

# 6.2 我国 CCUS 公共财政支出政策设计

资金是 CCUS 发展的物质推动力量，它的有效投入能解决 CCUS 的技术成本高昂、发展经费缺口大的难题，是促进 CCUS 稳定发展的必要条件。CCUS 所具有的准公共产品特征以及外部性的特质，决定了政府是 CCUS 项目建设的主要投入者。根据投资乘数理论，政府长期稳定的资金投入，不但可以支撑 CCUS 的发展，而且可以对社会资金的投入产生示范效应，吸引更多的社会资金，从而进一步扩大 CCUS 发展的资金总量，推动 CCUS 的继续发展。为此，建立以公共财政支出为主的 CCUS 资金投入保障机制，不仅是 CCUS 自身持续发展的需要，也是市场作用机制在 CCUS 发展中的必然取向。

根据前面对我国 CCUS 公共财政支持现状存在的问题分析可以看出，我国对政府 CCUS 的财政投入不足、投入主体单一、渠道狭窄等因素是严重影响 CCUS 发展的主要原因。持续、多渠道地投入方式能为 CCUS 项目提供资金，有效保障 CCUS 的发展。因此，借鉴国外 CCUS 政府公共财政政策的经验，在 CCUS 价值评价的指导下，建立稳定且长效的 CCUS 公共财政支出政策以确保 CCUS 有稳定的资金来源渠道和高效的资金利用率显得尤为重要。

### 6.2.1 政策内涵

公共财政支出，指的是政府在为了满足全体社会成员共同需要的前提下，由财政部门按照年度预算计划，给社会提供公共产品与服务而进行的公共财政资金的支付活动。它是直接体现政府职能范围的最重要的政府活动。作为公共财政的重要组成部分，公共财政支出是在市场经济下政府调节宏观经济的重要手段，它的投入领域以及投入规模直接体现了政府的政策导向以及介入该领域的深度。

CCUS 公共财政支出政策就是政府出于延缓气候变暖进程、改善气候环境、减轻气候变化对人类造成的实际的或可预期的不良影响的需要，而实施的二氧化碳捕捉、封存与利用（CCUS）建设项目所运用的公共财政资金支出行为活动的政策。它的政策制定情况反映了政府对 CCUS 项目的重视程度、支持力度。

### 6.2.2 政策工具

#### 6.2.2.1 政府直接投资

政府直接投资是以政府为主体，把从国民收入中筹集到的公共财政资金用于 CCUS 项目的一种集中性的政策性投资，用于指导 CCUS 的政府投资行为。这类投资不以营利为目的，也可以有点微利，它主要是针对具有较大外部性的基础产业和项目而进行的一种投资活动，能极大提高国民经济的整体效益，比如社会效应、生态环境效益等。

采用政府直接投资方式是因为 CCUS 本身具有很大的风险。在当前 CCUS 技术不成熟的情况下，企业的预期收益小于投入的资本，企业没有信心，不愿投资，这时就需要政府发挥主导作用，采取直接投资行为，扶持 CCUS 的技术开发、项目建设和发展，促进技术升级，最终引导企业主动投资，逐步建立起 CCUS 良性发展的商业化发展模式。根据 CCUS 建设目标，在政府采取直接投资方式时，政府需要制定 CCUS 专项支出资金的投入额度和增长幅度，并通过立法程序将其确定下来。它的目的是通过建立 CCUS 资金专款专用制度，有效防止资金使用不规范问题，提高 CCUS 资金的使用效率，确保 CCUS 建设项目的顺利实施。CCUS 投入金额的制定是根据每年的公共财政收支情况，在已确定的 CCUS 项目价值总量的指导下进行。

政府直接投资是推动 CCUS 发展的最主要的公共财政支出活动，能保证 CCUS 项目建设的必要支出，直接促进 CCUS 的发展，是我国政府推进 CCUS 发展的重要财力支柱。它反映和体现了政府大力发展 CCUS 的政策意图，是国家宏观调控 CCUS 项目发展进程的重要工具。政府资金的直接投入能让 CCUS 的技术研究和开发无后顾之忧；对提高 CCUS 技术研发能力和促进 CCUS 的持续发展起着决定性作用；对提升我国该项技术竞争力、占领国际减排技术的制高点、展示国际政治地位都发挥着举足轻重的作用。

#### 6.2.2.2 财政补贴

财政补贴是政府对从事 CCUS 项目的企业给予补贴，可以直接增加企业的收益，从而调动企业开展 CCUS 项目研发和建设的积极性、主动性，鼓励更多企业加入，形成良性循环，推动 CCUS 的迅速发展。

财政补贴的优势是方式灵活、针对性强，激励作用明显。它的实施能强有力地推动 CCUS 技术进步和扩大建设规模，极大促进 CCUS 的进一步发展，对在公众中宣传 CCUS 项目、普及碳减排知识有深远的影响。

具体来说，我国政府关于 CCUS 项目的财政补贴政策包括三个方面：

一是科研补贴，这是国家对 CCUS 的技术研究和开发给予的科研经费，以支持技术开发和示范项目的建设；

二是对 CCUS 重点规划项目进行补贴，比如对利用先进技术进行电厂改造、设备更换、管道安装的企业给予财政补贴；

三是投资贴息补贴，通过中央财政对实施 CCUS 项目的企业提供无息贷款或贷款贴息，在贷款条件、贷款利率方面给予优惠政策或是重点贴息支持。

### 6.2.3 具体政策

#### 6.2.3.1 支出金额的确定程序

CCUS 公共财政支出金额的确定是在 CCUS 项目价值核算的指导下进行的，国家发展和改革委员会应对气候变化司①根据成本价值确定的结果和项目的发展规划统筹设计项目财政补贴和政府直接投资的具体金额，以预算编制的方式为归口，统一确定支出金额。该项支出金额来源于中央财政主要污染物减排专项资金项目。其支出金额确定的流程见图 6-2。

---

① 我国推动 CCUS 的部门是科技部和发改委应对气候变化司。科技部的职能是推动 CCUS 技术研发、技术战略储备以及国际间的技术合作交流方面；发改委气候应对变化司的职能是综合考虑 CCUS 对能源供应安全、二氧化碳减排、经济结构转型方面的影响。因此，我国将 CCUS 公共财政政策的制定与执行职能划归到发改委应对气候变化司。

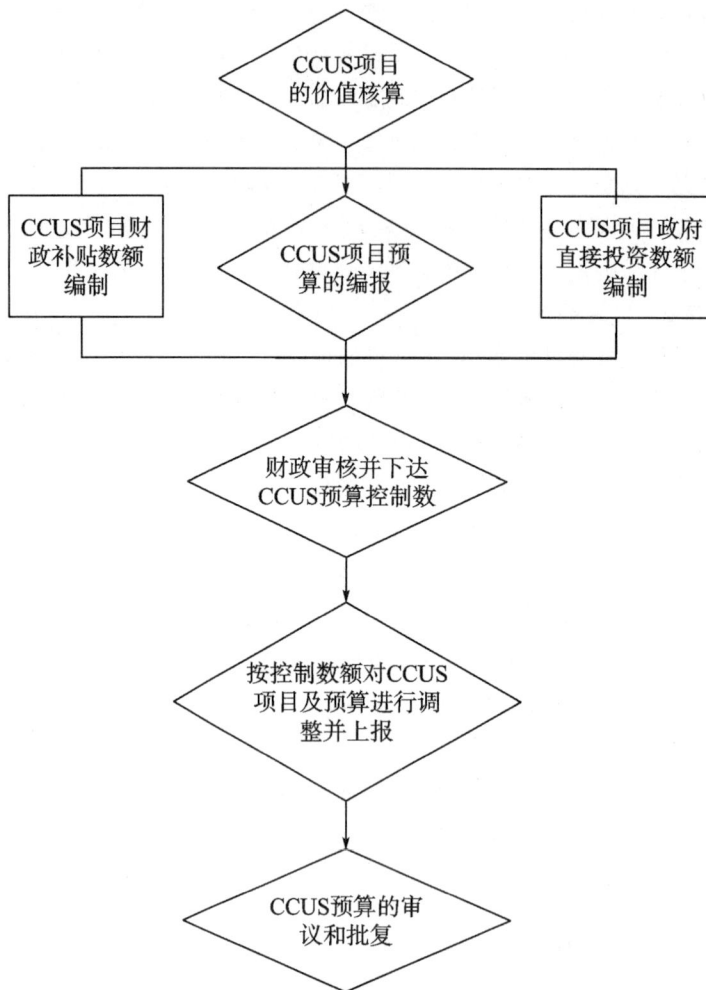

**图 6-2　CCUS 公共财政支出金额确定程序**

具体来说，CCUS 公共财政支出金额的确定流程可以描述为：

第一阶段，国家发展和改革委员会应对气候变化司在预算编制的前一年的 3 至 6 月将结合下一年 CCUS 的发展规划和部署，对即将建设的或正在建设的各类 CCUS 项目进行评估、论证和审核，确定总体价值，提出下一年度 CCUS 的投入资金预算编制范围。

第二阶段，7 月初，发改委应对气候变化司根据 CCUS 项目的发展规划、CCUS 国家投资方案、CCUS 科研项目立项报告、CCUS 企业上报申请补贴方案开始编报 CCUS 项目预算，在 9 月 20 日前将预算方案提交财政部部门预算司审核。

第三阶段，9月20日至11月25日，财政部部门预算司对CCUS预算的建议数进行审核，财政部预算司将从全国财政经济全局出发，并结合国家发展CCUS的中长期规划，综合平衡多方面因素审核CCUS预算方案，并上报国务院审定；随后，财政部根据国务院审定的按功能分类的支出预算草案确定CCUS的预算方案，并向发改委应对气候变化司下达CCUS预算控制数。

第四阶段，11月下旬至次年2月15日，发改委应对气候变化司按照财政部下达的CCUS预算控制数额，分解并提出各项目的预算控制数额，重新测算项目的基本投入数，再汇总形成正式的CCUS项目预算。12月10日将正式预算报送财政部部门预算司。财政部审核汇总各类预算，12月28日前将预算草案及拟提交全国人大审议的CCUS项目预算上报国务院审批，次年1月15日前，财政部将国务院批准的中央预算草案报送全国人大预算工作委员会交换意见，2月15日前，财政部将中央预算草案提交全国人大财经委员会审议。

第五阶段，2月15日至4月底，CCUS预算的审议和批复。每年3月，全国人民代表大会都会经过审议批复中央财政预算，财政部则会在人大批复预算后的30日内批复发改委应对气候变化司。

### 6.2.3.2 具体措施

借鉴国际经验，财政投入力度的加大以及财政支持方式的合理运用，会有效提高财政支出的效益。因此，为了使CCUS公共财政支出政策的效益达到最大化，从而有力、有效、持续地促进CCUS的发展，必须建立科学的CCUS公共财政支出政策体系，以保障公共财政的投入力度和支持方式的合理使用。CCUS公共财政支出政策的制定可从以下三个方面着手：

（1）强化预算支出制度，保证项目资金的稳定增长。

建立预算支出制度，进一步发挥公共财政的"四两拨千斤"的作用，深化国家对CCUS的资金投入，确保我国CCUS项目有稳定的资金来源和一定比例的增长。在预算支出制度建立过程中，要采用的措施为：

第一，在CCUS预算安排和执行的环节，要严格相关制度和操作规程，确保CCUS预算资金安全、有效地用于CCUS的项目支出。发改委应对气候变化司可以在编制预算时要事先定好CCUS项目资金的最低增长比率，确保从根本上保证CCUS资金的稳定增长。

第二，政府可以把每年增加的财政收入的一部分用于增加CCUS项目预算，还可以根据CCUS项目分类及进程情况，适当调整财政预算投入结构，削减部分其他预算支出来补充我国CCUS项目发展的不足。

第三，加强财政预算资金管理水平，建立有效的监督机制，对资金支出过程的全面监督，确保 CCUS 专项资金切实、全部、有效地运用到 CCUS 项目的支出上，杜绝任何形式的挪用和截留。

（2）加强政府直接投资水平，强化财政资金的引导作用。

政府直接投资是对具有特殊地位或特别重要的国家级 CCUS 项目采取的政府支持方式，由于此类型项目的投资数额巨大，因而在设计直接投资方式时需采取的政策是：

第一，加大中央对 CCUS 项目的直接投资力度，保证 CCUS 专项资金的稳定增长，确保 CCUS 技术不断取得新的进展。

第二，加强对投入资金使用过程的监管力度。对资金的投资使用，应避免"暗箱操作"，采取科学、规范、透明的方法来进行。比如：在资金的使用上，要把资金的使用与项目发展规模紧密联系在一起，要有计划、有步骤地把资金用于急需的规模大的项目上，不断增强投入资金的使用效力；在资金的监督上，要结合预算绩效考评，确保资金的用途，避免因管理不善、官僚主义等原因造成的资金使用效率低下或投入资金挪作他用行为的发生。

第三，逐步发挥投入资金的诱导作用，促使私人资本的介入。CCUS 需要巨额资金支持作为发展的坚实后盾，它的良性发展归根结底是交给市场，逐步找寻一条恰当的商业化运行模式，政府的职能主要是调控和指导。因此，政府利用直接投资方式的运用除了产生投资效应外，还可以作为一种诱发性投资，发挥引导作用，引导受外部效应制约的私人资本释放出来，投入到 CCUS 的建设中，使 CCUS 资金投入产生投资的"乘数效应"。

（3）科学设计财政补贴各个环节，保证项目资金的合理使用。

由于财政补贴具有无偿性的特点，在运用财政补贴手段时，要运用的措施是：

第一，科学地设计公共财政补贴的作用领域和补贴金额。对不同的环节实施相应的财政补贴，注重政策的针对性。比如：在技术研发环节，针对科研项目给予经费补贴，将科研经费的投入比例与项目规模相结合，鼓励技术开发；在项目建设环节，主要是针对技术改造、设备更换给予公共财政补贴，要把投资补贴的金额与实施项目企业的经营状况结合起来，刺激企业进一步改进技术。

第二，注意提供补贴的阶段。CCUS 财政补贴政策的目的是鼓励企业积极参与 CCUS 项目，使其实施顺利，故补贴政策应考虑在项目开始的推进阶段制定，随着项目的进行，逐步减少补贴额度。这是因为财政补贴的公益性较强，加之范围较广，长期补贴会给国家财政带来极大的压力。因此，在 CCUS 建设水平达到一定规模，生产企业开始获利后逐步减少或停止补贴。

第三，采用灵活的补贴方式。公共财政补贴的主要方式有现金补贴、实物补贴、财政贴息等。现金补贴是直接给予现金支持，能起到直接效果，比如科研经费的划拨；实物补贴是对企业给予设备改造、技术培训与信息提供等方面的补贴。财政贴息是通过发行债券收入或财政收入的方式支付给企业因为技术改造等投资行为而产生的银行贷款利息。在 CCUS 公共财政补贴方式的使用中，要结合项目自身的特点，综合运用现金补贴、实物补贴和财政贴息等手段，切实保障投入资金和实物的使用效率。

第四，加强补贴资金分配使用的监管。政府在制定补贴政策时，要完善补贴办法，形成一定的标准和条件，加强资金使用的监管力度，确保补贴资金能够及时到位并足额兑付，充分发挥财政补贴资金的积极效应。财政补贴的投入要严格按照国家的法定程序，建立严格的审核制度，加大监督抽查力度，提高政府投入资金的使用效率，对于滥用补贴资金、出现违规行为的企业，不但要收回先前给予的政策支持，还要进行严厉的处罚。

## 6.3 我国 CCUS 公共财政收入政策设计

关于 CCUS 公共财政政策的研究，前一节对公共财政支出政策的探讨为解决 CCUS 技术研究和项目建设的资金保障问题提供了可供参考的研究思路。作为公共财政政策构成的另一方面，CCUS 公共财政收入政策也是 CCUS 公共财政政策的重要组成部分，它供应着公共财政支出所需，决定了公共财政支出的规模，对促进 CCUS 技术发展发挥着巨大的作用。

由于我国 CCUS 处于早期阶段，我国对 CCUS 的公共财政支持仅限于科研和示范项目的部分经费投入，缺乏税收政策和其他配套措施，而税收制度的建立对保障项目的财政收入，支持公共财政支出政策的运行起着至关重要的作用。因此，本节将根据税收原则理论，按照公共财政的要求，依据我国目前的实际情况，对以税收政策为主的 CCUS 公共财政收入政策展开研究。

### 6.3.1 政策内涵

公共财政收入，指的是政府为了履行其公共管理、公共服务以及国民经济的市场化管理等职能，从企业、家庭等社会目标群体中筹集到的一切货币收入的总和。它是政府为了供应公共活动支出的需要而进行的财政活动。

CCUS 公共财政收入政策是为了满足 CCUS 公共财政支出的需要，在通过征收碳税、改革现有税种等方式限制碳排放的同时获取财政收入，建立合理的 CCUS 公共财政收入体系，调节 CCUS 的投资需求，以实现 CCUS 投资资金的最优化分配，体现公共财政对 CCUS 资金扶持的需要。此外，CCUS 公共财政收入的规模在很大程度上决定着 CCUS 公共财政支出的规模，决定着政府对 CCUS 项目的投资活动范围，进而影响到 CCUS 技术的发展和成熟以及碳减排目标的实现。

### 6.3.2　政策工具

#### 6.3.2.1　征收碳税

碳税是针对二氧化碳排放所征收的税种，是根据产品加工过程所排放的碳含量多少而实施的一种税收行为，征收目的是减少化石燃料消耗和二氧化碳排放。碳税的征收以环境保护为目的，希望通过削减二氧化碳排放来减缓全球变暖的速度。作为碳减排的一种重要经济手段，碳税对抑制能源浪费和减少二氧化碳排放发挥着积极的作用。对 CCUS 的推广来说，碳税的征收能从碳排放源头获取收入，为碳减排的重要项目的发展筹集资金。

目前全球已有瑞典、丹麦、芬兰、荷兰、挪威、法国等国家在国内实施了碳税政策，美国则是从计划从别国征收碳税[①]。对于我国来说，作为联合国《气候变化公约》的签约国，随着我国碳减排压力的逐渐加大，开征碳税以解决我国发展中面临的资源与环境问题，继而改变经济发展方式，优化经济结构，实现可持续发展，为 CCUS 发展筹资，成为一种必然趋势。

#### 6.3.2.2　调整现有税种

CCUS 是一个由二氧化碳的捕捉、运输、利用以及封存四个环节组成的产业链，企业所需缴纳的税种涵盖了生态税收类和产业税收类，生态税收类有资源税，产业税收类有三种，分别是企业所得税、增值税、消费税。也就是说，我国目前参与 CCUS 建设项目的企业所需缴纳的税种主要有四种，即资源税、企业所得税、增值税、消费税（具体见附录 2）。

在实行碳税征收后，CCUS 产业链的主要税种由四种增加到了五种。应该说，碳税作为一项税收收入，在为 CCUS 的发展提供资金来源的同时，还减少了二氧化碳的排放，减缓了大气变暖的速度。但由于碳税的征收，企业的税收

---

① 2009 年 6 月 26 日，美国众议院通过了一项《美国清洁能源安全法案》，这个法案授权美国政府，对于出口到美国的产品可以自由收取碳关税，1 吨二氧化碳征收 10~70 美元，最迟从 2020 年起开始实施。

负担会加重，企业的投资信心受到打击，投资行为减少，长期来看，对经济的增长有一定的阻碍作用，不利于经济的稳定发展。

因此，为了减少碳税征收对经济主体的负面影响，维持经济的稳定增长，我们在设计碳税制度时还应考虑到现有税种的整合和改革，比如采取减少增值税或者相关税种的税率的措施，以致不增加企业的太多负担，维持经济体的健康运行。

### 6.3.2.3  税收优惠

税收优惠是政府对从事 CCUS 项目的企业给予鼓励和照顾的一种措施，它是指政府将应收税款让渡给企业用于 CCUS 项目的研发和建设，以此鼓励企业进入 CCUS 领域，扶持其发展。它的优点在于，政府制定政策的影响面大、作用直接、持续时间长，效果明显，同时也充分尊重了市场的配置功能。

尽管税收优惠政策直接造成了国家财政收入的减少，但是，从政府给予投资 CCUS 企业的税收优惠政策的目的以及发展的整个过程来看，扶持性的税收优惠政策其实将会增加国家的财政收入，这是因为税收优惠政策吸引了更多的投资，促进 CCUS 的发展，创造了其他更多的税收来源，实现了政府发展 CCUS 的目的，减少了潜在的财政支出，因而政府把它列入财政收入政策。

### 6.3.3  具体政策

为了实现 CCUS 的发展目标，公共财政收入政策的设计需要借鉴国外的先进经验和结合我国税制的现状，根据 CCUS 的产业特征来展开。首先，依据我国经济发展和碳减排的实际情况，从减缓国内生态环境的压力，抵偿 CCUS 的投资资金的角度考虑适度开征碳税；其次，通过对现有税种进行适当地调整，减少因碳税征收引起的税制变动对经济主体的负面影响；最后，运用税收优惠政策鼓励企业参与 CCUS 项目的积极性。

### 6.3.3.1  碳税开征

征收碳税是较多国家为 CCUS 筹资的一种渠道，它能对 CCUS 的投资资金进行部分抵偿。我国现阶段征收碳税，一方面是补偿部分 CCUS 的投资，另一方面是在不额外增加企业负担的前提下，制定一个机制，培养大众对碳减排重要性的认识，为未来的税制改革指明方向。

碳税的开征方案设计主要就是对碳税的相关税制要素进行设计，联系 CCUS 的现状，结合甘行琼[①]等对碳减排税收对策的思考，本书关于碳税开征

---

① 甘行琼，李菁宇. 我国促进碳减排税收对策的思考 [J]. 财税纵横，2011（6）：66-68.

的设计方案见表6-1。

表6-1 碳税开征框架设计

| 税制要素 | 设计内容 |
|---|---|
| 推出时间 | 2020年左右 |
| 纳税人 | 向自然环境中直接排放二氧化碳的单位 |
| 征税对象 | 在生产、经营等活动过程中因消耗化石燃料直接向自然环境排放的二氧化碳 |
| 税率 | 低税率向高税率逐步过渡 |
| 计税依据 | 向自然环境中实际排放的二氧化碳量 |
| 计征方式 | 从量计征 |
| 纳税环节 | 生产环节 |
| 优惠政策 | 对能源密集型的行业实行优惠政策、对碳减排量达到一定标准的企业给予奖励 |

下面对表6-1碳税开征的设计方案进行说明：

（1）碳税的推出时间。

碳税开征时间的选择主要考虑国际国内经济形势。国家发改委碳税课题组曾认为，我国碳税比较合适的推出时间是2012—2013年。由于考虑到金融危机给国内经济造成的影响以及当前国际国内的大环境，我国碳税的推出时间在预计的基础上进行了推迟；但如果国际上实施"碳关税"，那么我国的出口产品将受到沉重打击，因为我们必须抢占先机，碳税的开征时间也不能太晚。鉴于上述两点因素，把碳税的推出时间定在2020年左右比较合适。

（2）碳税的纳税人和征税对象。

我国碳税的纳税人主要是向自然环境中直接排放二氧化碳的单位，这些单位包括国有企业、集体企业、私有企业、外商投资企业、外国企业、股份制企业、其他企业和行政单位、事业单位、军事单位、社会团体及其他单位。根据我国现阶段的情况，出于民生的角度考虑，对个人生活使用的煤、天然气等排放的二氧化碳不征税。

相应地，征税对象即是在生产、经营等活动过程中因消耗化石燃料直接向自然环境排放的二氧化碳。

（3）碳税的税率。

税率的设计要遵循循序渐进的规律，水平要适中。这是因为，税率过高，会影响能源密集型产业的竞争力，不利于经济增长；税率过低，又达不到减排效果。因此，在设计税率时，一开始不能设计得过高，从碳税的征税目的是出于碳减排和促进企业改进生产技术，最终补偿CCUS投资资金的角度出发，碳税征收初期的水平应保持在略高于企业改进技术所产生的边际成本；同时，根据能源类别，对含碳比例较高的化石燃料的税率可设计得稍微低一些，这样能减轻该类型企业的负担，维持经济的增长。随着碳税机制的逐渐成熟，在2020年左右，可以适当提到税率，逐步过渡到高税率。根据国家发改委碳税课题组的研究，我国碳税在起步的时候，每吨二氧化碳排放征税10元，到2020年，碳税的税率可提高到40元/吨。

（4）碳税的计税依据。

碳税的计税依据理论上以向自然环境中实际排放的二氧化碳量作为计税依据，这也应该作为中期和远期的碳税政策加以执行。但是由于二氧化碳的实际排放量难以监测，技术上难以操作，监测成本又高，因此，为了降低监测成本，在碳税推出后的几年内，在实际操作中，可以根据煤炭、石油、天然气等化石燃料的消耗量来估算二氧化碳的排放量作为计税依据。

（5）碳税的计征方式。

由于二氧化碳的排放对生态环境的破坏与其数量直接相关，与其质量无关，因而在考虑计征方式时，采用从量计征的方式，采取定额税率。

（6）碳税的纳税环节。

碳税的征收环节可以考虑在生产环节征收，也可以考虑在消费环节征收。生产环节征收是由化石能源的生产、精炼、加工企业负责缴纳；消费环节征收是由化石能源的销售商缴纳。在消费环节征收可以起到有利于刺激消费者减少能源消耗的作用，这样更有利于发挥碳税的政策效应，但是却不利于操作。因而，从实际操作和管理层面出发，生产环节征收有利于管理和源头控制。所以，纳税环节考虑在生产环节进行。

（7）碳税的优惠政策。

为了缓和征收碳税所带来的负面影响，保护产业的竞争力，根据实际情况，可以对受影响较大的产业进行碳税减免与补偿机制。也可以对积极采用减排技术，并达到一定标准的企业给予奖励的办法鼓励企业的积极性。

在碳税的设计中，还应注意，碳税政策不适宜一开始就在全国全面推广，应根据碳税的条件选择试点城市进行试行。此外，由于碳税涉及的范围较广，从发展CCUS的角度出发，碳税的收入可采取中央和地方共享税收的模式，同时中央从整体上来调控碳税收入的管理方式，这样既可以缓解地方碳减排资金紧张的局面，充分调动地方政府碳减排的积极性，支持碳减排事业的可持续发展；也有利于中央从宏观上进行调控，合理安排资金的用途，推动 CCUS 的发展。

### 6.3.3.2 税种调整

为了在完成节能减排任务的同时缓和征收碳税所带来的负面影响，保证经济总量的持续增长，可以对现有的税种进行整合，调整相应的税制要素，增加财政收入，鼓励 CCUS 的投资。本书对 CCUS 的税种调整方案见表6-2。

**表6-2** **支持我国 CCUS 发展的税种调整方案**

| 税种 | | 调整内容 |
|---|---|---|
| 生态税收类 | 资源税 | 循序渐进扩大征税范围，适当提高税率 |
| 产业税收类 | 企业所得税 | 对参与碳捕捉、碳运输、碳再利用的企业实行税收优惠，对碳封存的企业实行免税 |
| | 增值税 | 对 CCUS 系统中电厂改造、化工、钢铁、煤炭等的碳捕捉的企业、$CO_2$ 运输企业实行增值税减税政策。对二氧化碳再利用环节中，采用 $CO_2$-EOR、$CO_2$-ECBM 的企业和饮料、化肥生产、二氧化碳降解塑料等方面的企业实行增值税优惠政策 |
| | 消费税 | 对不会对环境造成污染的企业实行免税，对高能耗的企业实行较高的税率 |

上述四种税种的具体调整方案是：

（1）资源税的调整。

资源税属于生态税收的范畴，其目的是为了实现自然资源的价值，体现资源的有偿使用，倡导保护环境。我国以前对资源税采用从量计征的方式，这种对"量"的计税方法是对资源产品的销售数量或者自用数量进行计征，使得部分积压或者损失的资源性产品被排除在资源税征收范围以外。因此我国从2010 年 12 月 1 日起，转变"量"的计税方式，改为按照资源产品的实际生产数量计征，即征税方式从过去的从量定额征收改为从价定率征收[①]。在征税方式发生改变后，我国资源税调整方向还可分为两个方向进行：

①扩大征收范围。

我国的资源税于 1984 年开始征收，2011 年 11 月扩大了征收范围，由过去

---

[①] 我国原油、天然气资源税改革试点始于 2010 年 6 月 1 日，财政部、国家税务总局印发了《新疆原油、天然气资源税改革若干问题的规定》，决定新疆率先在全国进行石油、天然气资源税改革，由过去的从量定额征收改为从价定率征收，原油、天然气税率均为 5%。自 2010 年 12 月 1 日起，石油、天然气资源税改革推广到西部地区的 12 个省（区、市）。

的煤炭、石油、天然气、铁矿石少数几种资源扩大到原油、天然气、煤炭、其他非金属矿原矿、黑色金属矿原矿、有色金属矿原矿和盐等七种。随着我国经济体制改革的深入，2016 年 7 月我国进行资源税改革，再次扩大征收范围，把水、森林、草场、滩涂等自然资源纳入了征税范围。此次资源税改革考虑到水资源短缺和各地森林、草场、滩涂资源的不同开发利用等情况，因地制宜地推行。针对水资源税，首先在河北省开展水资源费改税试点，待条件成熟后再在全国推广；针对森林、草场、滩涂资源，符合征收条件的由省级政府结合各地实际情况拟出具体方案，报国务院批准后实施。2017 年 12 月起将水资源税改革试点扩大到了 9 个省（自治区、直辖市）。

从我国资源税改革征程可以看出，为了财税体制改革，加快生态文明建设进程，我国在逐步扩大征收范围以适应改革发展和建设资源节约型、环境友好型社会建设的需要。然而，作为世界上排名第三的资源储量国家，我国对自然资源征收资源税的征税比例仅占我国自然资源种类的 6.3%。这表明我国一些重要的自然资源还处于无偿使用的状态，不符合税收的公平原则。因此，为了使自然资源得到合理开发，树立自然资源有偿使用、合理使用的观念，在资源税的调整中需要把全部不可再生资源和需要保护、开采利用的稀缺资源纳入资源税的征收范围中，按照循序渐进的方式逐步推行。

②适当提高资源税的税率。

资源税开征的目的主要是为了保护环境，提高自然资源的使用效率，因此征税的标准应根据资源的稀缺程度和在利用资源的过程中对环境造成的破坏程度来进行调整，适当地提高。尤其是对非再生性、非替代性、稀缺性以及被破坏性极强的资源征收重税，以抑制并补偿对环境造成的破坏。

（2）企业所得税的调整。

对 CCUS 系统中企业的经营所得实行减税、免税等优惠政策。在碳捕捉、碳运输和碳再利用环节中，企业都会产生利润，对此时的企业所得，我们采取减税的政策，以此来增强企业的资金积累能力，增加企业参与 CCUS 的积极性，鼓励企业更多地投资。对碳封存来说，该环节把运输到储存地的 $CO_2$ 注入地下，是 CCUS 的重要环节，实现着减少大气中的 $CO_2$ 含量，缓解大气变暖的重要使命，具有明显的外部效应。它由政府直接负责或者委托企业管理，所产生的一切费用由 CCUS 专项经费承担，受委托的企业不承担任何税费。

（3）增值税的调整。

为了减轻企业的负担，对 CCUS 产业链上的所有企业应采取增值税优惠政策，具体有：对 CCUS 系统中电厂改造、化工、钢铁、煤炭等的碳捕捉的企业、CO$_2$运输企业实行增值税减税政策；对二氧化碳再利用环节中，采用CO$_2$-EOR、CO$_2$-ECBM的企业和饮料、化肥生产、二氧化碳降解塑料等方面的企业实行税收优惠政策。

（4）消费税的调整。

CCUS虽然是因二氧化碳的减排而应运而生的一个产业链，该系统在以碳减排为最终目的进行运转的同时，也在向环境释放二氧化碳。因此，从倡导环境保护的角度也应对高能耗的企业实行较高的消费税，对资源消耗量小、不会对环境造成污染的清洁产品实行税收优惠政策。

### 6.3.3.3 税收优惠

为了更好地激励企业投资CCUS项目，对企业实施税收优惠政策，其制定思路具体如下：

（1）科学设计税收优惠模式。

我国现行的税收优惠政策主要落实在生产环节，形式有减税、免税、税率优惠、加计扣除、先征后返、税额抵扣、税收抵免、税收递延、税前扣除等多种。对于CCUS来说，为了激励企业参与项目的积极性，应根据CCUS的产业特征，调整优惠范围，加大优惠力度。可采取的税收优惠措施有：减税、税收抵免、税收递延、税前扣除。根据税收优惠政策的内容，结合CCUS的产业特征，本书设计的CCUS税收优惠政策具体见表6-3。

表6-3　　　　　　　　　　　CCUS 税收优惠政策

| 政策措施 | 具体内容 |
|---|---|
| 减税 | 减税政策是通过降低征收的税率，以取消或停征某些税种的办法来增加企业的可支配收入，从而起到激励企业从事CCUS项目的作用 |
| 税收递延 | 税收递延是允许企业推迟缴纳当期应纳税款。加速折旧是税收递延最主要的手段，即允许CCUS投入的机器设备以较快的速度实现资本回收，使得纳税人实现税收负担的推迟缴纳 |
| 税收抵免 | 税收抵免是将一定数额的项目投入金额视作已缴纳税款，直接从企业应缴纳税款中扣除。它的计算可采用两种标准：一是绝对数量标准，即按照企业当年实际投入额的一定比例进行税收抵免，此时的抵免额只与当年企业的投入额有关；二是增量标准，即企业按照当年投入额比基期投入额增加金额的一定比例抵免税款，此时的抵免额不仅取决于企业当年的投入金额，还与基期的投入金额有关 |
| 税前扣除 | 税前扣除是允许从事CCUS项目的企业将当年实际的投入金额作为税前扣除项目，以减少应纳税所得额 |

根据上一节税种调整的方案设计，对投资 CCUS 的企业实施税收优惠政策。在税收优惠政策的实施过程中，要注意对上述四种措施灵活运用，避免优惠形式过于单一、直接。比如，对从事 CCUS 投资的企业实行低税率政策，同时实行投资抵免制度，允许企业的投资用新增所得税进行部分抵免，如果当年不足抵免的，也可把抵免年限延长至五年。对 CCUS 的技术研发领域，运用税前扣除对企业发生的研发费用在应纳税税前准予扣除。对于研发费用超过上年研发费用 10% 以上的企业，不论盈亏，按照实际发生额 50% 抵扣当年应纳税所得额。此外，为了鼓励 CCUS 技术的推广，对转让技术而取得的转让所得给予低税率优惠，并鼓励企业向 CCUS 科研机构进行技术捐赠，捐赠部分按照实际捐赠额在所得税前扣除。对 CCUS 的实际生产领域设计到 CCUS 的设备改造环节，可以实行税收递延政策，加速折旧，进一步鼓励和扶持 CCUS 产业的发展。

（2）注重政策的连续性和完整性。

税收优惠政策如果出现实施手段分散的情况，那么各项政策之间则会因衔接不够，无法形成整体合力，也达不到政策的效果。因而在政策的落实中，要进行系统指导，注重税种间的相互协调和补充，使税收优惠政策对 CCUS 的支持力度得以充分发挥。

（3）把优惠政策落实，防止税收优惠政策形式化。

注重政策的落实，使投资于 CCUS 项目的企业得到真正的政策扶持，改变以往税收优惠政策的实现与项目是否盈利相挂钩的方式，把优惠政策的端口前移到研发和技术改造环节，使得项目在一开始就可享受到税收优惠政策。

## 6.4  本章小结

借鉴国外 CCUS 公共财政政策的经验，在 CCUS 价值评价的结果指导下，本章结合我国国情和 CCUS 的发展现状，从 CCUS 公共财政政策目标、原则和重点定位的角度阐明了促进我国 CCUS 发展的公共财政政策的设计思路，并根据设计思路重点研究了我国 CCUS 早期发展的公共财政政策制定问题，从政策内涵、政策工具和具体政策三个方面分别设计了我国 CCUS 的公共财政支出政策和收入政策。

# 7 我国 CCUS 公共财政政策支持体系构建

公共财政体系是各种公共财政政策的有机结合。本章基于上一章对 CCUS 公共财政支出政策和收入政策的设计思路，进一步探讨促进我国 CCUS 发展的公共财政政策支持体系问题。

## 7.1 建立 CCUS 公共财政政策支持体系的基本构想

在我国碳减排的目标约束和 CCUS 的发展压力下，CCUS 公共财政政策的顺利实施关键在于健康、有序、高效的公共财政政策支持体系，在这个体系中通过政府的主导作用和各个政策机制的相互协调，发挥公共财政政策体系的整体功能，推动 CCUS 的不断发展。

### 7.1.1 CCUS 公共财政政策支持体系的思路

CCUS 公共财政政策支持体系建立的目标是：以解决 CCUS 项目的资金困扰，推动该技术发展，通过整合公共财政资源和政策资源，建立 CCUS 公共财政政策支持体系，纳入公共财政政策框架，形成目标明确、决策统一、手段协调的整体模式。

根据政策支持体系的建立目标指导，可以探索出 CCUS 公共财政政策支持体系的建设思路：CCUS 的公共财政政策支持体系是以 CCUS 价值评价为基础，以公共财政支出政策和收入政策为核心，以金融支持政策、法律法规建设、国际交流与合作制度建设、公众意识培育为辅助而构成的一个相互影响、相互作用、相辅相成的政策支持系统。

（1）加强公共财政政策引导。

由于 CCUS 面临技术、资金障碍，从世界各国 CCUS 的发展路径来看，公共财政政策支持是 CCUS 发展的关键。目前我国 CCUS 技术处于研发和早期系统示范阶段，其他投资主体的介入相对谨慎，因此，公共财政应该成为 CCUS 技术创新、行业发展的主要资金来源，它的政策支持在将来相当长的一段时间内将发挥着重要的引导作用。

（2）重视金融政策的激励作用。

发展 CCUS，大量的资金投入是一个重要的方面，但又不是一个孤立的方面。促进 CCUS 的发展需要政府在公共财政政策方面发挥引导作用，但仅仅依靠公共财政无法获取持续有效的资金支持，它需要在政府主导下贯彻政府宏观政策支持方向，依靠金融政策发挥金融杠杆作用，通过金融业多种渠道、多种手段、多种方式提供配套支持，不断增加直接投入 CCUS 领域的资金总量，以确保 CCUS 所需要的巨额投融资资金。

（3）完善法律法规配套机制。

CCUS 项目的产业化发展，需要从国际、国家和行业的法律与规范角度，对 CCUS 的法律地位、技术规范、资金管理等多方面进行明确，继而解决 CCUS 技术发展及其财政投入资金监管等问题。可以说，CCUS 相关的法律法规制定与完善为 CCUS 公共财政政策的顺利实施提供了政策保障。目前与 CCUS 有关的法律法规集中在 CCUS 的技术方面，主要是二氧化碳的封存和运输两项，其中以碳封存为主，它涉及的是一些国家公约，如《京都议定书》《联合国海洋法公约》《伦敦议定书》，在勘探许可证、封存许可证、封存地点的运营和关闭、使用权和产权、监测核查及关闭后责任转移、风险评估等方面的法律和规范问题还需要进一步明确。对于 CCUS 的投入资金的规范管理，还需要政府建立相应的资金管理机制与监督机制，建立严格的审核制度，加强资金使用的监管力度，确保 CCUS 资金的有效使用。

（4）有效利用国际资源。

扩大国际金融机构的资金支持成为推进我国 CCUS 项目建设的重要渠道之一。目前我国国内研究机构和企业虽然参与了与欧盟、美国、澳大利亚、意大利等国家（组织）以及与亚洲开发银行等国际机构开展的一系列双边和多边合作项目（如中欧 NZEC 合作、中澳 CAGS 合作、中意 CCS 合作、中欧 COACH 合作），积极参加了碳收集领导人论坛（CSLF）、清洁能源部长级会议等多边框架合作项目，但是对世界银行、国际开发协会、金融公司等国际金融机构的资金利用明显不足，在寻求国际金融机构的资金支持方面有很大的潜力可以挖掘。因此，积极参与国际交流与合作，是为我国争取国际投资提供空间，为 CCUS 的发展提供技术和资金支持的有效途径，能有力地推动我国碳捕捉、利用与封存技术的进步。

（5）增强公众意识的培养。

CCUS 的公共产品属性决定了 CCUS 的发展不仅需要政府发挥主导作用，还需要全社会公民的支持。公众对 CCUS 的认识程度决定了他们参与的积极性，进而影响 CCUS 系列政策的尽快落实和发展速度。因此，公众意识的培养对推动 CCUS 的发展来说至关重要。

由于 CCUS 是一个较新的概念，目前公众对 CCUS 的认识程度和接受程度不高，来自公众的阻力成为 CCUS 技术的主要障碍。这就迫切需要加强公众对气候变化的了解，进一步加强对 CCUS 的相关知识进行宣传普及，提高公众对 CCUS 技术的接受程度，树立公众对 CCUS 的科学态度，这将有助于民间融资的推广，同时增强企业对 CCUS 的投资信心，吸引更多的社会资金。

### 7.1.2　CCUS 公共财政政策支持体系的框架

根据整理 CCUS 公共财政政策支持体系的设计思路，我们可以得出如下结论：CCUS 公共财政政策支持体系的构建，应定位于如何通过发挥政府公共财政政策的主体作用和引导作用，来促使 CCUS 资金发展规模和水平的日益壮大，使得其他政策的支持成为 CCUS 发展的外部催化剂。也就是说，促进 CCUS 发展的公共财政政策支持体系的建立是以政府公共财政政策为核心，通过建立金融支持政策、完善法律法规机制、加强国际交流与合作、培养公众意识的相关配套政策发挥外围保障作用，优化配置资金资源，最终实现 CCUS 的发展目标来保证 CCUS 项目的科学、有序和高效的发展。

CCUS 公共财政政策支持体系的框架如图 7-1 所示。

在这个框架中，公共财政政策是体系的核心层，由 CCUS 价值评价导向下的 CCUS 公共财政支出政策和 CCUS 公共财政收入政策构成"三位一体"的结构，在政府支持下发挥主导作用。框架的外围由金融支持政策、法律法规配套机制、国际间交流与合作以及公众意识培养四个环节构成了一个"四轮驱动"的外环，分别发挥着资金维、法律维、国际环境维、思想维四个维度的保障作用。其中，金融支持政策保障了 CCUS 公共财政政策所需要的资金，法律法规配套机制为 CCUS 公共财政政策的实施提供着法律支撑，国际间的交流与合作为 CCUS 公共政策提供了国际环境的视野，公众意识的培养为 CCUS 公共财政政策的实施提供了思想保障，这四个环节共同支持着 CCUS 公共财政政策的制定与落实。

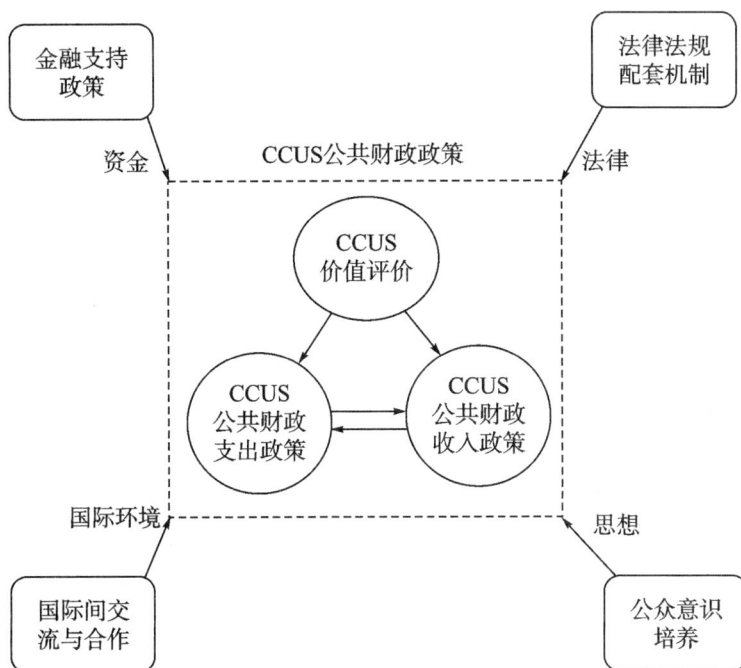

图 7-1　我国 CCUS 公共财政政策支持体系框架图

## 7.2　促进 CCUS 公共财政政策支持体系形成的对策建议

为了促成上述政策目标体系的尽快形成，我国可以从以下几个方面来建立 CCUS 的公共财政政策支持体系。

### 7.2.1　加大政府的扶持力度

CCUS 是一项技术含量高、能耗高、成本大、风险性大的高科技技术，在大规模温室气体减排中发挥着不可替代的作用。发展 CCUS，解决由温室气体排放引起的气候环境问题本身是政府的一项职能。此外，政府作为社会中规模最大的、唯一能合法使用强制力的组织，具有权威的广泛性，它的行动能比其他组织的行动更有影响力、更具效率、更能获得足够的资源支持。因此，政府应该成为推动 CCUS 发展中最坚实的力量，CCUS 的发展目标、发展路径、政策制度、法律法规等都必须依靠政府来制定和执行。

我国政府虽然已开始重视 CCUS 的建设，并把 CCUS 列入了《国家"十二五"科学和技术发展规划》，但和国际社会对比，我国政府对 CCUS 的扶持力度明显不够，存在着政府投入不足、政策执行力不够、公共财政政策尚未系统建立、法律法规不健全等问题，导致 CCUS 的资金匮乏，直接影响了 CCUS 的发展。因此应该发挥政府的主导功能，加大政府对 CCUS 的扶持力度，充分运用公共财政政策，提高政策的执行力，建立引导 CCUS 发展的公共财政政策，积极推动价格改革完善 CCUS 的价值定价机制，加大对 CCUS 的政府投入力度，建立税收优惠政策，激励更多的投资主体参与其中，解决我国 CCUS 发展中的资金瓶颈。

具体来讲，政府对 CCUS 的公共财政政策支持是在对 CCUS 的价值评价导向下，通过发挥公共财政支出政策和公共财政收入政策两项主要政策的作用而进行的。

（1）积极推动 CCUS 价值定价。

CCUS 项目的价值评价是制定 CCUS 公共财政政策的前提和重要基础工作，能为政府公共财政政策的制定提供科学的定价依据。根据政府的能源价格管理职能，理顺能源价格，推动碳减排的发展至关重要。

第一，政府应不断加强 CCUS 项目价值评价的基础研究，完善定价模型，科学地量化项目的具体价值。第二，完善价格监管体系，尽快出台规范 CCUS 行业行为的专项法律法规，提高对 CCUS 价值定价的操作性，为 CCUS 财政的预算投入、核算补贴量、制定税收政策提供可参照的依据。

（2）建立长效的 CCUS 公共财政支出政策。

以政府预算投入、财政补贴、政府直接投资为手段，加大 CCUS 的财政投入力度，建立财政支持长效机制，为 CCUS 项目的可持续发展提供有力保障。一是将 CCUS 列入公共预算的支持范围，把 CCUS 发展资金作为政府财政的经常性支出，为财政履行发展 CCUS 经济职能提供制度保证；二是实行 CCUS 补贴政策，加大对该行业技术的研发，综合考虑补贴力度和补贴方式，使财政补贴与企业经营结果结合起来，推动技术进步，加强研发能力，降低经营成本；三是实施政府直接投资政策，提高公共财政投入比例，并以立法的形式确定政府在一段时期内的投资额度，支持 CCUS 的研发和推广。

（3）制定科学的 CCUS 公共财政收入政策。

实施"碳税"政策，构建有效的政策扶持机制，加强政策扶持力度，通过减税和征收碳税两种方式达到CCUS的融资目的。一是开征二氧化碳税、建立征收生态环境补偿费制度，将从碳排放行业征收的税收用以抵偿发展CCUS的成本；二是对现有的税种进行整合，调整相应的税制要素，增加财政收入，鼓励CCUS的投资；三是制定对包括碳捕捉、运输、封存以及再利用等项目在内的CCUS行业的税收优惠政策，鼓励私人部门对CCUS的投资及研发。

### 7.2.2 建立多元化的金融支持体系

作为资金密集型产业，CCUS的发展需要充足的资金支持，但是单靠政府通过税收筹集资金的方式远不能满足CCUS对资金的需求，金融和资本市场的支持为CCUS的顺利推广提供了资金保障。金融支持CCUS的发展主要包括以下三个方面：

（1）拓宽融资渠道。

CCUS的发展离不开政府的大力支持。在政府的推动下，将公共财政政策与银行信贷政策相结合，通过加大贷款贴息力度的方式来鼓励商业银行扩大信贷规模和覆盖面，在利率上给予推广CCUS的企业以更多的优惠，鼓励企业的投资。

（2）加大银行信贷融资力度。

随着低碳经济的发展，商业银行的贷款产品范围和相应的服务内容逐渐拓宽，商业银行也随之有了新的收入增长点。CCUS的发展，给商业银行带来了金融创新的新领域和新压力。商业银行内部可设立专门的碳金融业务部门，扩大CCUS贷款规模，同时推进其贷款管理机制创新，制订和开发一整套适合CCUS项目的新的信贷发放标准、贷款管理办法和管理技术，建立长效统一的信贷机制，使处于碳减排项目前沿的CCUS项目，能够及时获得发展所必需的贷款融资。

（3）开拓资本市场。

资本市场是资源配置的有效路径，产业结构调整升级的重要平台，它的健康发展将有利于扩展CCUS行业的融资渠道、降低其融资成本。在以政府为主导的投资机制下，加大民间筹资力度，按照"谁投资、谁受益"的原则，可以逐步实现CCUS投资主体的多元化，从而有效地发挥市场配置资源的基础性作用。根据CCUS项目的特点，其市场化融资方式可采取建立专项发展基金和风险投资基金两种方式。

一是建立CCUS专项发展基金。CCUS专项发展基金为国家重点发展的CCUS项目的研发、建设和运行服务，该基金通过对国民经济发展中对大气排放二氧化碳等污染较重的石油、电力行业等征收碳税的方式筹集，筹集的资金专门用于关系国家地位的 CCUS 重点项目的示范与推广。

二是建立 CCUS 风险投资基金。风险投资是职业金融家投入到新兴的、有巨大潜力的企业中的一种权益资本。CCUS 风险投资基金的设立不但可以为该行业提供资金，还能为它的发展提供管理咨询服务，帮助 CCUS 行业持续、健康发展。

### 7.2.3  建立推动技术和产业发展的系统的法律框架

为推动某项技术的发展可以通过对该项技术立法的方式来保障，如 2005 年 2 月 14 日我国人大常委会通过的《中华人民共和国可再生能源法》。这部法律规定了政府和社会在可再生能源开发利用方面的责任与义务，确立了一系列的制度，具体包括了中长期发展目标和规划，鼓励可再生能源产业发展和技术开发的措施以及财政专项基金等。该法律的颁布执行，对我国正确应对气候变化产生了积极的影响，推动了低碳能源产业的健康发展。借鉴《可再生能源法》，对于建立推动 CCUS 技术发展的法律体系需从技术本身的标准规范和财政监管制度着手。

（1）制定封存的管辖权、所有权和责任归属政策。

CCUS 是一项长期的、科技含量高、对环境有潜在影响的碳减排项目，它涉及能源、环境、自然资源等多个部门间的管理协调和区域、国家以及国际等多方面的法律关系。为了提高工作效率，避免在 CCUS 各个环节中出现管理空白和多头管理的情况，需要建立一套完整的法律法规来明确碳捕捉与封存中的司法管辖权、所有权，落实各个部门的具体责任。

就 $CO_2$ 封存的管辖权来说，首先要明确被封存的 $CO_2$ 的性质，这是因为 $CO_2$ 性质被界定为油气工业产品还是废弃污染物，对司法管辖权的确定非常重要。如果 $CO_2$ 被定义为油气工业产品，那么属于油气相关法律法规的范畴，若被认定为废弃污染物，则属于环境法规管理的范畴。目前 $CO_2$ 的注入项目被认定为属于油气法律的范围内，其中陆地 $CO_2$ 封存项目由国家法律管辖，而海洋 $CO_2$ 封存项目适用于国际海洋环境保护法规。在定义 $CO_2$ 性质后，需要进一步建立对 CCUS 项目管辖权的相关政策法规，明确 CCUS 项目的申请程序、条件、内容、许可证审查要求以及许可证变更和撤销等标准，同时应制定措施避免造成项目审批难度大、审批时间长、审批环节多以及多头管理等情况。

对 CCUS 的所有权和责任归属来说，需要建立一套完备的法律体系来做出合理界定，比如项目投资者的所有权、项目启动前和关闭后的责任归属，以及知识产权和保险、投资，封存地点的所有权、封存地点周边土地的使用权和通过权、监测义务等。通过系统的法律规定来明确 CCUS 项目在实施过程中的权责问题并用于引导相关工作的开展。

（2）确立统一的技术标准规范。

CCUS 项目的建设与运行涉及技术的经济效益、环境影响、减排效益等多项内容。在 CCUS 技术应用以前，就需要建立一系列 CCUS 技术实施和监测的标准，保证项目实施过程中和项目封闭后的技术可行性、安全性和可持续性。

我们在制定技术标准时可以借鉴欧洲国家关于 CCS 领域在资源开发、地下水保护、气体的深层地下处理、管道运输、废气回填性储存、地下加注等环节建立的一系列标准。此外，还应注重政策的完整性，修订现有的多个领域，如油气、矿产、环境与土地政策等方面的法律来切实保障 CCUS 项目的安全性和合法性。

（3）构建系统的监管体系。

CCUS 项目的推广不但需要在政府的大力扶持下，通过政府财政补贴、投资等方式给予直接的资金支持；而且还需要金融和资本市场的广泛参与，筹集 CCUS 的发展资金。CCUS 项目的发展资金因而具有资金来源渠道的防范性、分散性以及资金量的巨额性的特点。但是如果一旦在资金使用过程中出现资金不到位、资金挪用、经费管理不善等资金使用纰漏问题，CCUS 本身不足的资金会更加短缺，严重阻碍项目和技术的发展，影响气候改善进程。因而建立监管体系，加强对税费征收、资金募集和经费使用中的监管和管理力度显得尤为重要。在构建系统的监管体系中要特别注意以下两点：

一是建立专门的监管机构。为确保政府投入资金的高效使用，要通过建立专门的 CCUS 资金监督机构来对各个项目的资金使用和管理情况开展定期和不定期的检查，完成经费的审计和监督工作，保证资金的及时到位、合理使用。

二是要健全监管机制。健全监督机制，强化对 CCUS 资金使用过程中权力制衡的监督和检查，完善监督环节和内容，运用科学的绩效管理指标体系客观评价 CCUS 公共财政支出的行为过程和结果，特别是对重点项目的资金使用监督工作制度化、程序化、规范化，经常化，切实提高 CCUS 公共财政资金的使用效率。此外，对通过市场化途径募集的专项资金要按照金融监督管理的规则进行全方位、全过程有效的监督和管理，保证资金的安全性。

### 7.2.4 加强国际交流与合作

气候变化问题的长期性、全球性和外部性特征决定了碳减排问题需要国家间的长期合作。在坚持"共同但有区别的责任"原则①下，加强国家交流和互利合作、进行战略政策对话、建立公平合理的国际制度对 CCUS 的发展前景来说具有重要的推动作用。这种作用是通过不同类型的国际交流与合作来体现的，具体表现在国际气候制度、全球性碳市场和碳价格、全球安全保障与可测量、可报告和可核查（MRV）体系等共性问题，以及在 CCS 技术研发、能力建设、资金筹集等各国 CCS 不同发展特性方面展开的国际合作。

目前，我国已广泛参与到气候变化国际谈判和国际合作中，这为我国 CCUS 技术的国际项目研发、转移和共享，以及相关市场机制的建立提供了渠道。此外，由于国际上许多国家对 CCUS 提供了丰厚的资金支持，使得 CCUS 在世界范围内的研发示范项目广泛建立，吸引了众多的国际知名企业和研发机构的大量参与，我国政府可以利用这个有利的国际环境，通过充分地参与国际合作，利用相关资源来推进我国 CCUS 技术的研发、工程示范和公共财政扶持政策、融资政策的能力建设进程。

在国家交流和合作过程中，我们应坚持立足国内、面向国际、融入国外市场的发展理念，在平等互惠和互利双赢的原则下，积极引进国外的先进技术和资金，拓展互利合作渠道，不断吸引外资，同时通过制定各种激励机制、政策扶持的方式来促进国际融资渠道的建立和建设，增强国内企业与国际间的交流合作，提高国内 CCUS 的技术水平和创新能力，在更大空间内推进 CCUS 技术的建设水平，促进经济社会的可持续发展。

### 7.2.5　建立有效的公众参与机制

出于对项目安全性的担忧，公众的态度已经成为一些国家 CCUS 项目不能顺利进行的主要原因，因此整个社会公众的参与是 CCUS 良性发展的重要外部条件。目前，我国公众参与还不是主要问题，但是也值得关注。

国际经验表明，保证公众在项目设计之初就全程参与项目是 CCUS 顺利实施的必要条件。目前的国际惯例要求已有的 CCUS 项目需向公众提供透明开放的信息，并接受公众的咨询。IEA 发布的《CCS 技术发展路线图》制定了 CCS 教育和参与计划，并指出：在 CCS 项目计划中应包含公众咨询管理条例，并

---

① "共同但有区别的责任"原则是 1992 年 6 月在巴西里约热内卢召开的"联合国环境与发展大会"批准的《气候变化框架公约》（简称《公约》）中的第四条正式提出的原则。1997 年，《京都议定书》第十条确认了这一原则，并以法律形式予以明确、细化。它规定发达国家应承担的减少温室气体排放（"减排"）的量化义务，而没有严格规定发展中国家应当承担的义务。该原则一直是中国参与国际气候谈判的基础。

在项目运行过程中予以执行；对计划中的 CCS 项目要向公众提供透明信息；对项目管理者建立开展当地公众咨询和教育活动的指南，要向公众明确关于 CCS 项目的收益和风险；建立国际公众参与网络，创造公众教育的机会和公众参与的平台。

对于我国 CCUS 的建设来说，政府应主动向公众普及相关知识，提高公民的参与意识，建立有效的公众参与机制。一方面是为了避免公众因不了解 CCUS 技术或仅从常识判断而产生不必要的忧虑和反对情绪阻碍项目的运行和 CCUS 中长期规划的实施；另一方面是通过让公众了解该技术，为 CCUS 的实施和融资铺垫道路，从而吸引私人资金的进入，积累项目发展资金。

具体来说，政府可以通过制定以下的措施来增强公众对 CCUS 项目的了解：

第一，通过建立 CCUS 专题网站、媒体宣传渠道、发放 CCUS 知识宣传册等多种方式进行全方位的宣传，从正面激励和反面鞭策等多种形式来增强公众对 CCUS 技术和项目进程的了解，树立公众碳减排的自觉性。这主要是从两个方面着手：一是着重强调 CCUS 技术对控制温室效应、缓解气候危机、促进人与自然和谐发展方面的突出作用，二是不断加强公众对于 CCUS 项目的价值和实施该项目有可能带来的一些风险知识的普及和了解。

第二，在保障国家能源安全的前提下，尽可能公开 CCUS 项目规划、实施过程中的信息，并制定公开、平等、透明、广泛、便利的原则，鼓励公众积极参与。同时，对项目的实施应通过设立意见征集台、建立意见征求箱、发放意见征求表、公布 CCUS 专题网站意见收集电子邮箱等途径广泛征求公众的意见，并将意见处理情况在规定的期限内及时反馈给公众，建立公众对政府实施 CCUS 计划的认同感。

第三，对于 CCUS 项目实施过程可能出现的二氧化碳泄漏等潜在环境风险，政府应制定处理此类事件的危机干预对策和防范措施。假设一旦发生此类事件，政府应满足公众的知情权，正确运用社会舆论导向，通过召开新闻发布会、信息报道等及时、全面地向社会公众发布事件信息和应对措施，避免因信息不对称使公众在偏失的信息指导下采取过激行为，影响 CCUS 的建设进程。

## 7.3　本章小结

CCUS 公共财政政策的顺利实施需要一个健康、有序、高效的公共财政政策支持体系环境。本章提出了 CCUS 公共财政政策支持体系目标、思路和框架，并根据体系的基本构想，从加大政府的扶持力度、建立多元化的金融支持体系、建立系统的法律框架、加强国际间的交流与合作、建立有效地公众参与机制五个方面构建我国 CCUS 公共财政政策支持体系。

# 8 研究结论与展望

## 8.1 基本结论

本书通过对促进我国二氧化碳捕捉、利用与封存技术（CCUS）发展的公共财政政策的阐述与分析，提出了我国 CCUS 公共财政政策的设计思路与政策体系的构建方向，对促进我国 CCUS 技术的发展和 CCUS 公共财政政策的制定有较强的理论意义和实践意义。本书试图得出的基本结论有如下几个方面：

第一，CCUS 具有特殊的属性。

一是 CCUS 具有准公共产品的特征。一方面它缓解了温室气体排放，这时它的消费具有非排他性、非竞争性和非分割性，是纯公共品；另一面它作为生产系统的副产品进行再利用，显现出的消费过程充满排他性、竞争性，具有私人产品的性质。因而，本书将 CCUS 界定为是介于纯公共产品和私人产品之间的混合产品，即准公共品。二是 CCUS 具有外部性。它既能实现减排目标产生正的外部效应，又可能因产生泄漏等风险问题影响生态渐进带来负的外部效应。

第二，CCUS 具有的属性使得市场机制在该领域失效，需要公共财政介入并发挥保障作用。

CCUS 作为未来减缓温室气体排放的重要战略选择，在我国的应用意义重大，需要大力发展。可是该技术在发展中因为本身具有准公共品和外部性属性使得为市场机制在 CCUS 领域容易出现市场失灵现象，这就需要政府承担责任，运用公共权力建立一个能有效克服市场失灵的公共财政机制，在资金投入和政策支持方面提供保障，从而促进 CCUS 的发展。

第三，我国公共财政支持 CCUS 发展中存在的问题可以借鉴国外一些国家的先进经验得到启示。

CCUS 在我国的发展时间较为短暂，公共财政支持该技术的发展中存在投入不足、投资主体单一、投资渠道不稳定、税收政策缺乏、法律法规不完善、监督机制不健全等问题，这使得 CCUS 的发展缺乏稳定的资金来源、资金保障度低、投资信心不足，影响了 CCUS 技术的发展稳定性，严重阻碍着我国 CCUS 技术的进一步提高。

国外一些国家和地区如美国、挪威、澳大利亚、加拿大、英国和韩国等的政府及欧盟高度重视该项技术，并制定了一系列的公共财政政策和措施来支持这项技术的发展。这些政策的目标明确、法规健全、在公共资金投入、政府补贴、科研资助、税收优惠、征收碳税等政策工具的选择方面灵活，对我国 CCUS 公共财政政策的制定有较大的启示作用。

第四，CCUS 价值估算是为了量化其经济价值，给予该技术的资金支持的必要技术手段，也是为我国公共财政制度体系的建立决策提供科学依据的前提。

CCUS 项目的价值估算是制定 CCUS 公共财政政策的前提和重要基础工作，意义重大。根据 CCUS 价值链构成形式和现金流运行模式的分析，构建出 CCUS 的价值估算模型具体量化其价值，用以指导具体项目的经费投入金额、投资方式、税收制度以及其他配套政策和扶持措施。

第五，我国 CCUS 的公共财政政策定位为公共财政支出政策和公共财政收入政策。

我国 CCUS 公共财政政策设计的目标是通过采用一系列财政激励政策和税收优惠政策，为 CCUS 发展提供持续、稳定的资金支持，推动 CCUS 的大力发展。

在目前 CCUS 对资金需求巨大的情况下，政府为主导的长效投入机制不仅是 CCUS 自身持续发展的需要，也是市场作用机制在 CCUS 发展中的必然取向。根据我国 CCUS 公共财政支持现状存在的问题，可通过加大中央预算投入的力度、合理设计公共财政补贴的方式、加强政府直接投资水平的政策措施保证项目资金的稳定增长和资金的合理使用。

此外，从促进 CCUS 持续发展的角度出发，根据 CCUS 的产业特征，需要建立适应 CCUS 发展目标和规划要求的 CCUS 公共财政收入政策以保证公共财政对 CCUS 支出扶持的需要。为此，要落实税收优惠政策、整合现有税种以激发企业的积极性，为 CCUS 提供多样化资金来源；同时还要适应国际潮流，适时开征碳税，对碳排放的企业适时适度征收碳税，以补偿 CCUS 的公共财政支出，最终建立起能激励 CCUS 产业发展的公共财政资金支持渠道与激励机制。

第六，一个健康、有序、高效的公共财政政策支持体系是 CCUS 公共财政政策的顺利实施关键。

我国 CCUS 公共财政政策政策支持体系是以 CCUS 价值评价为基础，以公共财政支出政策和收入政策为核心，以金融支持政策、法律法规建设、国际交流与合作制度建设、公众意识培育为辅助而构成的一个相互影响、相互作用、相辅相成的政策支持系统。为此，需要通过加大政府的扶持力度、建立多元化的金融支持体系、建立推动技术和产业发展的系统的法律框架、加强国际间的交流与合作、建立有效的公众参与机制的对策措施促成 CCUS 公共财政政策体系的形成，为 CCUS 的发展提供所需要的资金支持、法律支撑、国际视野和思想保障。

## 8.2  研究不足与展望

二氧化碳捕捉、利用与封存（CCUS）公共财政政策研究是一个较为前沿的课题，涉及的内容复杂，学科涵盖面广，不仅涉及能源动力学、水文地质学、油气田地面工程等应用学科知识，还更多地应用了宏观经济学、微观经济学、公共经济学、财政学、金融学等方面的知识，难度较大。本书虽然在理论上、体系上、思路上做出了较为全面的分析，但由于笔者阅历和水平有限，一些问题的研究不够深入，还需要完善与进一步研究。

第一，进一步加强对 CCUS 价值估算方法的研究。如何对 CCUS 的经济价值进行准确计量，这是实现 CCUS 价值的前提和基础。本书按照成本支出计算出的价值究竟能否完全解决 CCUS 的价值量化问题，还需要实践的不断检验。因此，必须建立 CCUS 的价值估算体系并不断创新。

第二，进一步加强对 CCUS 公共财政政策绩效的研究。因 CCUS 还处于早期发展阶段，项目开展的数量不多，数据不足，进行实证分析的条件不足，本书仅就 CCUS 的发展早期提出了支持其发展的公共财政政策工具和具体政策措施的基本设想。随着 CCUS 项目的兴建和推广，通过数据的收集和积累，进一步详细分析财政补贴、政府直接投资、税收优惠、碳税征收等每一种政策工具的政策绩效，为制定各种政策工具组合提供依据，提高政策的运作效率。

第三，进一步加强对 CCUS 政策阶段性的研究。CCUS 的发展是一个连续的、阶段性的过程，其公共财政政策需要根据不同的发展阶段来制定。本书的研究针对 CCUS 的早期发展阶段，在 CCUS 进入发展期、成熟期后，该行业运行模式将向商业化转变，市场将逐步发挥主导作用。因此，根据 CCUS 由政府主导向市场化发展的不同阶段来制定相应的公共财政政策是下一步的研究方向。

# 参考文献

［1］徐增辉. 全球公共产品及其供应现状分析［J］. 产业与科技论坛，2008，7（4）：155-156.

［2］国务院发展研究中心课题组. 全球温室气体减排：理论框架和解决方案［J］. 经济研究，2009（3）：4-13.

［3］NICRIOLAS STENL. Review of the Economics of Climate Change［R］. Cambridge，UK：Cambridge University Press，2006.

［4］IEA. Energy Technology Perspectives：Scenarios and Strategies to 2050［R］. Paris：IEA，2008.

［5］Working Group III of the Intergovernmental Panel on Climate Change. IPCC's Fourth Assessment Report（AR4）：Mitigation of Climate Change［M］. Cambridge，United Kingdom：Cambridge University Press，2007.

［6］IPCC 发布的五次气候变化评估报告［EB/OL］.［2016-08-22］. http://www.tanjiaoyi.com/article-18162-1.html.

［7］科技部，环境保护部，气象局. 关于印发《"十三五"应对气候变化科技创新专项规划》的通知［EB/OL］.［2017-04-27］. http://www.most.gov. cn/mostinfo/xinxifenlei/fgzc/gfxwj/gfxwj2017/201705/t20170517_132850.htm.

［8］林伯强，蒋竺均. 中国二氧化碳的环境库兹涅茨曲线预测及影响因素分析［J］. 管理世界，2009（4）：27-36.

［9］冯相昭，邹骥. 中国 $CO_2$ 排放趋势的经济分析［J］. 中国人口·资源与环境，2008，18（3）：43-47.

［10］IPCC. Carbon dioxide capture and storage［R］. New York：Cambridge-University Press，2005：111-159.

［11］PETER VIEBAHN，JOACHIM NITSCH，MANFRED FISCHEDICK，et al. Comparison of carbon capture and storage with renewable energy technologies regardingstructural, economic, and ecological aspects in Germany [J]. International journal of green house gas control, 2007：121-133.

[12] 李永强. 做好 CCUS 技术储备意义重大 [N]. 中国能源报，2011-06-13（4）.

[13] 科学技术部社会发展科技司，科学技术部国际合作司，中国 21 世纪议程管理中心. 中国碳捕集、利用与封存（CCUS）技术进展报告 [R]. 北京：中国 21 世纪议程管理中心，2011.

[14] LI X. $CO_2$ Point Emission and Geological Storage Capacity in China [J]. Energy Procedia, 2009, 1 (1)：2793-2800.

[15] 朱妍. 争议中前行 CCUS 何以破局 [N]. 中国能源报，2018-01-29（19）.

[16] IEA. 30 key ernergy trends in the IEA and Worldwide [C]. 30th Anniversary of the international energy agency, 2005.

[17] DAMEN K, FAAIJIJ A, Bergen F V, et al. Identification of early opportunities for $CO_2$ equestration worldwide screening for $CO_2$ - EOR and $CO_2$ - ECBM projects [J]. Energy 2005, 30 (10)：1931-1952.

[18] IEA. Prospects for $CO_2$ capture and storage [R]. Paris：IEA, 2004：101-141.

[19] IPCC. IPCC Special Report on Carbon Dioxide Capture and Storage [R]. Geneva：WMO/ UNDP, 2006：3-5.

[20] 韩文科，杨玉峰，苗韧，等. 当前全球碳捕集与封存（CCS）技术进展及面临的主要问题 [J]. 中国能源，2009, 31 (10)：5-6.

[21] 中国 21 世纪议程管理中心. 碳捕集、利用与封存技术进展与展望 [M]. 北京：科学出版社，2012：1-15.

[22] 气候组织. CCUS 在中国：18 个热点问题 [R]. 北京：气候组织，2011.

[23] 巢清尘，陈文颖. 碳捕获和存储技术综述及对我国的影响 [J]. 地球科学进展，2006, 21 (3)：291-298.

[24] 宋新民，杨思玉. 国内外 CCS 技术现状与中国主动应对策略 [J]. 油气藏评价与开发，2011, 1 (1/2)：25-30.

[25] 范英，朱磊，张晓兵. 碳捕获和封存技术认知、政策现状与减排潜力分析 [J]. 气候变化研究进展，2010, 6 (5)：362-369.

[26] 仲平，彭斯震，张九天，等. 发达国家碳捕集与封存技术的发展及

对中国的启示［J］.中国人口,资源与环境,2011(21):145-148.

[27] 焦念志.海底封存二氧化碳减排潜力巨大［J］.中国战略新兴产业,2017(5):95.

[28] 杨孟璋.CCS技术:引领人类进入"低碳新时代"［J］.中国科技财富,2011(1):38-39.

[29] 相震.$CO_2$捕获发展现状与障碍分析［J］.环境污染与防治,2011,32(12):105-106.

[30] 李新春,孙永斌.二氧化碳捕集现状和展望［J］.能源技术经济,2010,22(4):21-26.

[31] 全浩,温雪峰,郭琳琳.$CO_2$捕集和地下封存技术的现状及发展趋势(一)［J］.煤炭工程,2007(12):75-79.

[32] 刘小川,汪曾涛.二氧化碳减排政策比较以及我国的优化选择［J］.上海财经大学学报,2009,11(4):73-88.

[32] 聂立功.气候目标下中国煤基能源与CCUS技术的耦合性研究［J］.中国煤炭,2017,43(10):10-14.

[34] 匡建超,王众,霍志磊.中国二氧化碳捕捉与封存(CCS)技术早期实施方案构建研究［J］.中外能源,2012(12):17-22.

[35] KOEN SMWKENS, BOB VAN DER ZWANN. Atmospheric and geological $CO_2$ damage costsin energy scenarios［J］. environmental science & policy, 2006(9):217-227.

[36] DAMWN K, et al. A comparison of electricity and hydrogen production systems with $CO_2$ capture and storage – Part B: Chain analysis of promising CCS options［M］. ProgressEnergy Combust Sci(2007), doi: 10.1016/j.pecs.2007.02.002.

[37] 修远.CCS技术:创造中国未来发展新优势［N］.国际商报,2011-01-05(16).

[38] 陈文颖,吴宗鑫,王伟中.$CO_2$收集封存战略及其对我国远期减缓$CO_2$排放的潜在作用［J］.环境科学,2007,28(6):1178-1182.

[39] 刘嘉,陈文颖,刘德顺.碳封存技术对我国发展低碳经济的潜在作用［J］.环境与可持续发展,2010(6):45-49.

[40] 崔振东,刘大安,曾荣树,等.中国$CO_2$地质封存与可持续发展［J］.中国人口·资源与环境,2010,20(3):9-13.

[41] 康丽娜,尚会建,郑学明.$CO_2$的捕集封存技术进展及在我国的应

用前景 [J]. 化工进展, 2010 (29): 24-27.

[42] 刘兰翠, 曹东, 王金南. 碳捕获与封存技术潜在的环境影响及对策建议 [J]. 气候变化研究进展, 2010, 6 (4): 290-295.

[43] 刘永, 邓蜀平, 蒋云峰, 等. 基于我国煤化工行业的碳捕集封存 (CCS) 系统的实施障碍分析 [J]. 2010 (29): 301-304.

[44] 王众, 张哨楠, 匡建超. 中国大规模发展碳捕捉和封存的 SWOT 分析 [J]. 国土资源科技管理, 2010 (5): 6-11.

[45] 王众, 张哨楠, 匡建超. 碳捕捉与封存技术国内外研究现状评述及发展趋势 [J]. 能源技术经济, 2011, 23 (6): 42-47.

[46] DAVID J, HERZOG H. The cost of carbon capture [C] // D WILLIAMS, B DURIE, P MCMULLAN, et al. Fifth international conference of greenhouse gas control technologies. Cairns, Australia: CSIRO, Collingwood, 2001.

[47] EDWARD S, RUBIN, CHAO CHEN, et al. Cost and performance of fossil fuel power plants with $CO_2$ capture and storage [J]. Energy Policy, 2007, 35 (9): 4444-4454.

[48] HUANG Y, REZVANI S, MCLLVEEN-WRIGHT D, et al. Techno-economic Study of $CO_2$ Capture and Storage in Coal Fired Oxygen Fed entrained Flow IGCC Power Plants [J]. Fuel Processing Technology, 2008, 89 (9): 916-925.

[49] VINCEN TOYYO M, REILLY JOHN. Directed technical change and the adoption of CO2 abatement technology: The case of $CO_2$ capture and storage [J]. Energy Economics, 2007 (7): 456-462.

[50] 胥蕊娜, 陈文颖, 吴宗鑫. 电厂中 $CO_2$ 捕集技术的成本及效率 [J]. 清华大学学报 (自然科学版), 2009, 49 (9): 1542-1545.

[51] 田牧, 安恩科. 燃煤电站锅炉二氧化碳捕集封存技术经济性分析 [J]. 锅炉技术, 2009 (5): 36-41.

[52] 梁大鹏, 李锬, 腾超. 基于 Agent 模型的 CCS 商业运行机制研究 [J]. 中国矿业, 2009, 18 (9): 104-107.

[53] 李健, 许楠希. 碳捕集与封存项目的经济性评价 [J]. 科技管理研究, 2012 (8): 203-206

[54] 邹乐乐, 张九天, 魏一鸣. 二氧化碳封存技术相关国际法规与政策的回顾与分析 [J]. 中国能源, 2010, 32 (4): 15-18.

[55] 秦天宝, 成邯. 碳捕获与封存技术应用中的国际法问题初探 [J]. 中国地质大学学报 (社会科学版), 2012 (5): 36-39.

［56］MACE M J, HENDRIKS C, COMENRAADS R. Regulatory challenges to the implementation of carbon capture and geological storage within the European Union under EU and international law ［J］. International Journal of Greenhouse Gas Control, 2007, 1 (2): 253-260.

［57］GROENENBERG HELEEN, DE CONINCK HELEEN. Effective EU and Member State Policies for Stimulating CCS ［J］. International Journal of Greenhouse Gas Control, 2008 (6).

［58］BACHU S. Legal and regulatory challenges in the implementation of $CO_2$ geological storage: An Alberta and Canadian perspective ［J］. International Journal of Greenhouse Gas Control, 2008, 2 (2): 259-273.

［59］POLLAK M F, WILSON E J. Regulating Geologic Sequestration in the U-nited States: Early Rules Take Divergent Approaches ［J］. Environmental Science Technology, 2009, 43 (9): 303-304.

［60］曲建升, 曾静静. 二氧化碳捕获与封存: 技术、实践与法律——国际推广二氧化碳捕获与封存工作的法律问题分析 ［J］. 世界科技研究与发展, 2007 (6): 78-83.

［61］汤道路, 苏小云. 美国"碳捕捉与封存"（CCS）法律制度研究 ［J］. 郑州航空工业管理学院学报 (社会科学版), 2011, 30 (5): 159-162.

［62］俞华. CCS 法规和投融资机制分析 ［J］. 中国电力教育, 2010 (1): 103-105.

［63］陈俊武, 陈香生. 中国中长期碳减排战略目标初探（Ⅵ）——碳捕集与封存排放目标讨论 ［J］. 中外能源, 2011, 16 (10): 1-17.

［64］DUAN H-B, FAN Y, ZHU. What's the Most Cost-effective Policy of CO2 Targered Reduction : An application of Aggregated Economic Technological Model with CCS ［J］. Applied Energy, 2013 (112): 866-875.

［65］DAMEN K, FAAIJ A, TURKENBURG W. Health, safety and environ-mental risks of underground $CO_2$ storage——overview of mechanisms and current knowledge ［J］. Climatic Change, 2006, 74 (1/3): 289-318.

［66］PEHNT M, HENKEL J. Life cycle assessment of carbon dioxide capture and storage from lignite power plants ［J］. International Journal of Greenhouse Gas Control, 2009 (3): 49-66.

［67］GERSTENBERHER M, NICOL A, STENHOUSE M, et al. Modularised logic tree risk assessment method for carbon capture and storage projects ［J］. Energy

Procedia, 2009（1）：2495-2502.

[68] 王新. 我国碳捕获与封存技术潜在环境风险及对策探讨 [J]. 环境与可持续发展, 2011（5）：53-57.

[69] 彭峰. 碳捕捉与封存技术（CCS）利用监管法律问题研究 [J]. 政治与法律, 2011（11）：18-26.

[70] SJACKLEY S, MCLACHLAN C. Trade-offs in assessing different energy futures：a regional multi-criteria assessment of the role of carbon dioxide capture and storage [J]. Environmental Science & Policy, 2006（9）：376-391.

[71] SHACKLEY S, WATERMAN H, GODFROIJ P, et al. Stakeholder perceptions of $CO_2$ capture and storage in Europe：Results from a survey [J]. Energy Policy, 2007, 35（10）：5091-5108.

[72] VAN K, ALPHEN, TOT VOORSTA Q V, et al. Societal acceptance of carbon capture and storage technologies [J]. Energy Policy, 2007, 35（8）：4368-4380.

[73] RRINER D, LIANG X. Opportunities and hurdles in applying CCS technologies in China—with a focus on industrial stakeholders [J]. Energy Procedia, 2009（1）：4827-4834.

[74] HANSSON A, BRYNGELSSON M. Expert opinions on carbon dioxide capture and storage—A framing of uncertainties and possibilities [J]. Energy Policy, 2009（37）：2273-2282.

[75] JOHNSSON F, REINER D, ITAOKA K. Stakeholder Attitudes on Carbon Capture and Storage-An International Comparison [J]. International Journal of Greenhouse Gas Control, 2010（2）：410-418.

[76] 胡虎, 李宏军, 昌敦虎. 关于二氧化碳捕集与封存可接受度的调查分析 [J]. 中国煤炭, 2009, 35（8）：83-87.

[77] 李萍. 促进低碳经济发展的财政政策着力点研究 [J]. 湖北经济学院学报（人文社会科学版), 2012, 9（3）：47-48.

[78] 赵奕杨. 发展低碳经济的公共财政政策初探 [J]. 现代经济信息, 2012（20）：141.

[79] 易霞仔, 王震. 基于低碳经济架构的政府财政政策的杠杆作用效应分析 [J]. 特区经济, 2012（4）：125-127.

[80] 徐博. 论我国低碳经济发展的财政政策机制 [J]. 财政研究, 2011（3）：7-10.

［81］张德勇. 促进低碳经济发展的财政政策［J］. 税务研究, 2010 (6)：13-16.

［82］黄龙, 高杰. 低碳经济发展中的政策扶持机制研究［J］. 中国人口·资源与环境, 2010 (20)：55-58.

［83］任勤. 促进低碳经济发展的财税政策与金融支持的协同研究［J］. 理论与改革, 2014 (4)：91-94.

［84］诺德豪斯. 均衡问题：全球变暖的政策选择［M］. 北京：社会科学文献出版社, 2011.

［85］鲍威尔, 奥茨. 环境经济理论与政策设计［M］. 北京：经济科学出版, 2005.

［86］布朗. 生态经济：有利于地球的经济构想［M］. 北京：东方出版社, 2002.

［87］蒋海勇. 发展低碳经济的公共财政政策链研究［J］. 开放导报, 2011 (2)：57-60.

［88］周波, 杜亚丽. 促进节能减排的财税政策选择［J］. 大连海事大学学报 (社会科学版), 2007 (10)：40-43.

［89］肖坚. 促进节能减排的财政政策思考［J］. 地方财政研究, 2008 (5)：9-14.

［90］马海涛, 程岚. 论促进节能减排的财税政策［J］. 财经论丛, 2010 (3)：37-42.

［91］邓子基. 低碳经济与公共财政［J］. 当代财经, 2010 (4)：9.

［92］盛丽颖. 中国碳减排财政政策实施的可行性分析［J］. 财会研究, 2011 (13)：12-15.

［93］阿特金森, 斯蒂格利茨. 公共经济学［M］. 上海：上海三联出版社, 1994.

［94］沈满洪, 谢慧明. 公共物品问题及其解决思路——公共物品理论文献综述［J］. 浙江大学学报 (人文社会科学版), 2009 (10)：45-56.

［95］马歇尔. 经济学原理［M］. 廉运杰, 译. 北京：华夏出版社, 2005.

［96］科斯. 社会成本问题［C］// 财产权利与制度变迁. 上海：上海三联书店, 1994.

［97］李世涌, 朱东恺, 陈兆开. 外部性理论及其内部化研究综述［J］. 学术研究, 2007 (8)：117-119.

［98］王淑贞. 外部性理论综述［J］. 经济视角, 2010 (27)：52-53.

[99] 裴少峰, 郭艳艳. 外部性理论的演进、内涵与应用 [J]. 学术探讨, 2011 (10): 217-272.

[100] 刘卓, 王蕊. 我国发展低碳经济的经济分析及财政政策选择 [J]. 科协论坛, 2012 (1): 151-152.

[101] 刘汉, 屏章成. 公共财政与公共财政政策选择 [J]. 财政研究, 2001 (7): 24-27.

[102] 闫坤, 刘新波. 中国公共财政理论发展研究综述与评析 [J]. 首都经济贸易大学学报, 2011, 13 (3): 95-102.

[103] 刘晓燕, 郑敏, 严兴华. 公共财政理论的发展与我国公共财政理论基础选择 [J]. 财会月刊 (理论), 2008 (8): 56-58.

[104] 缪勒. 公共财政理论 [M]. 北京: 中国社会科学出版社, 1999.

[105] 高鸿业. 西方经济学 (宏观部分) [M]. 北京: 中国人民大学出版社, 1996.

[106] 陈庆云. 公共政策分析 [M]. 北京: 北京大学出版社, 2007.

[107] 蔡昌. 税收原理 [M]. 北京: 清华大学出版社, 2010.

[108] 杨志勇, 张馨. 公共经济学 [M]. 北京: 清华大学出版社, 2013.

[109] 能源与环境政策研究中心 (CEEP). 二氧化碳捕集与封存: 碳减排的关键选择 [M]. 北京: 中国环境科学出版社, 2010.

[110] 气候组织. CCS 在中国: 现状、挑战和机遇 [R]. 北京: 气候组织, 2010: 1.

[111] 国务院. 国家中长期科学和技术发展规划纲要 (2006—2020 年) [R]. 北京: 国务院, 2006: 27.

[112] 科技部. 中国应对气候变化科技专项行动 [R]. 北京: 科技部, 2007: 11.

[113] 国家发改委. 中国应对气候变化国家方案 [R]. 北京: 国家发改委, 2007: 33.

[114] 国务院新闻办. 中国应对气候变化的政策与行动 [R]. 北京: 国务院新闻办, 2008: 15.

[115] 科学技术部, 国家发展和改革委员会. 国家 "十二五" 科学和技术发展规划 [R]. 北京: 科学技术部, 2011: 10.

[116] "十二五" 控制温室气体排放工作方案 [EB/OL]. [2012-10-10]. https://baike.so.com/doc/2696641-2847272.html.

[117] 《"十二五" 国家碳捕集利用与封存科技发展专项规划》全文

[EB/OL]. [2013-03-11]. http://news.bjx.com.cn/html/20130311/421921.shtml.

［118］国家发展改革委关于推动碳捕集、利用和封存试验示范的通知 [EB/OL]. ［2013-04-27］. http://qhs.ndrc.gov.cn/zcfg/201305/t20130509_540621.html.

［119］国家发展改革委关于印发国家应对气候变化规划（2014—2020年）的通知 [EB/OL]. [2013-04-27]. http://www.ndrc.gov.cn/zcfb/zcfbtz/201411/t20141104_642612.html.

［120］关于发布《二氧化碳捕集、利用与封存环境风险评估技术指南（试行）》的通知 [EB/OL]. [2016-06-21]. http://www.zhb.gov.cn/gkml/hbb/bgt/201606/ t20160624_356016.htm.

［121］国务院印发《"十三五"国家科技创新规划》[EB/OL]. [2016-08-08]. http://www.gov.cn/xinwen/2016-08/08/content_5098259.htm.

［122］"十三五"控制温室气体排放工作方案 [EB/OL]. [2016-11-22]. http://www.tanpaifang.com/CCER/201611/2257686.html.

［123］RICHARD LOHWASSER, REINHARD MADLENER. Economics of CCS for coal plants：Impact of investment costs and efficiency onmarket diffusion in Europe [J]. Energy Economics, 2011（1）：1-14.

［124］EVA BENZ, STEFAN TRUCK. Modeling the price dynamics of $CO_2$ emission allowances [J]. Energy Economics, 2009, 31：4-15.

［125］BARTON L, KIESE R, et al. Nitrousoxide emissions froma cropped soil in a semi-aridclimate [J]. Global ChangeBiology, 2008, 14：177-192.

［126］张建府. 碳捕集与封存技术（CCS）成本及政策分析 [J]. 中外能源, 2011, 16（3）：21-25.

［127］马蓓蓓, 张悦玲, 王健, 等. 基于低碳经济的我国财税政策体系的探讨 [J]. 税收与税务, 2011, 5（13）：39-41.

［128］樊纲, 苏铭, 曹静. 最终消费与碳减排责任的经济学分析 [J]. 经济研究, 2010（1）：4-14, 64.

［129］NIGEL AlCOCK. Businesses must face the realities of a low carbon economy：A stronger response is needed if firms are to meet Government emission targets and take advantage of the opportunities presented by a lower carbon footprint Type：Viewpoint [J]. Strategic Direction, 2008, 24（6）：13-15.

［130］NOLAND, MARCUS. Comment on "Policy Framework for Transition to a Low-Carbon World Economy" [J]. Asian Economic Policy Review, 2010, 5（1）：

34−36.

[131] KENSHI ITAOKA, ANNE − MAREE DoWD, AYA SAITO, et al. Relating Individual Perceptions of Carbon Dioxide to Perceptions of CCS: An International Comparative Study [J]. Energy Procedia, 2013 (37): 7436−7443.

[132] 洪梓涵. 浅谈碳捕获与封存技术 CCS 的商业化前景 [J]. 中国人口·资源与环境, 2010 (20): 219−222.

[133] 曾颖苗. 基于实物期权的 CDM 碳减排项目价值研究 [D]. 长沙: 湖南大学, 2010.

[134] 张正泽, 基于实物期权的燃煤电站 CCS 投资决策研究 [D]. 哈尔滨: 哈尔滨工业大学, 2010.

[135] 彭朗. 建立健全低碳经济投融资机制 [N]. 人民日报, 2012−12−06 (7).

[136] PARRISH BRADLEY D, FOXON TIMOTHY J. Sustainability Entrepreneurship and Equitable Transitions to a Low−Carbon Economy [J]. Greener Management International, 2008, 55: 47−62.

[137] 李月梅. 中国农业可持续发展的公共财政政策研究 [D]. 北京: 北京林业大学, 2011.

[138] 盛丽颖. 中国碳减排财政政策研究 [D]. 沈阳: 辽宁大学, 2011.

[139] 钟锦文. 中国碳减排经济政策工具研究 [D]. 武汉: 武汉理工大学, 2011.

[140] 刘兰翠. 我国二氧化碳减排问题的政策建模与实证研究 [D]. 合肥: 中国科学技术大学, 2006.

[141] 邢继俊. 发展低碳经济的公共政策研究 [D]. 武汉: 华中科技大学, 2009.

[142] PORRITT, JONATHON. Comment − The carbon economy is on the horizon [J]. Construction Manager, 2009, 7: 10−11.

[143] SKEA JIM, NISHIOKA SHUZO. Policies and practices for a low−carbon society [J]. ClimatePolicy, 2008, 22 (1): 5−16.

[144] LYTVYNCHENKO GANNA. Programme Management for Public Budgeting and Fiscal Policy [J]. Procedia − Social and Behavioral Sciences, 2014 (119): 576−580.

[145] BIN XIA, YANG LI. Analysis on the Impact of Tax Policy over China's New Energy Industry Development [J]. Physics Procedia, 2012 (25): 1277−1284.

［146］董宝杰，徐珊. 促进低碳经济发展的财税政策研究 ［J］. 现代商贸工业，2011（6）：73.

［147］王金南，严刚，姜克隽，等. 应对气候变化的中国碳税政策研究 ［J］. 中国环境科学，2009，29（1）：101-105.

［148］范仙梅，陶伦康. 浅议我国低碳能源开发的财政激励政策 ［J］. 中国证券期货，2011（2）：87-88.

［149］李梦瑜，燕进. 中国低碳经济发展的公共政策制定策略研究 ［J］. 财税纵横，2011（17）：58-59.

［150］王曙光，马辉，蔡德发. 我国低碳经济发展的财税激励政策 ［J］. 集美大学学报（哲学社会科学版），2011，14（2）：37-44.

［151］XIN ZHOU, TAKASHI YANO, SATOSHI KOJIMA. Proposal for a national inventory adjustment for trade in the presence of border carbon adjustment：Assessing carbon tax policy in Japan ［J］. Energy Policy, 2013（63）：1098-1110.

［152］MING ZHAO, SHENGYUAN CHEN. Optimal Generator Portfolio in Day -Ahead Market under Uncertain Carbon Tax Policy ［J］. American Journal of Operations Research, 2011, 1（4）：268-276.

［153］CHUANYI LIU, QING TONG, XUEMEI LIU. The impacts of carbon tax and complementary policies on Chinese economy ［J］. Energy Policy, 2010, 38（11）：7278-7285.

［154］魏涛远，格罗姆斯洛德. 征收碳税对中国经济与温室气体排放的影响 ［J］. 世界经济与政治，2002（8）：47-49.

［155］梁大鹏. 基于电力市场的中国 CCUS 商业运营模式及仿真研究 ［J］. 中国软科学，2009（2）：151-163.

［156］SUMMER JENNY, BIRD LORI, DOBBOS HILLARY. Carbon taxes：a review of experience and policy design considerations ［J］. Climate Policy, 2011, 11（2）：922-943.

［157］LAWRENCE H. Goulder. Climate change policy's interactions with the tax system ［J］. Energy Policy, 2013, 11（40）：3-11.

［158］SEBASTIAN RAUSCH. Fiscal consolidation and climate policy：An overlapping generations perspective ［J］. Energy Economics, 2013（40）：134-148.

［159］薛睿. 论中国低碳能源发展的财政政策 ［J］. 经济研究导刊，2010（33）：195-196.

［160］薛睿. 中国低碳经济发展的政策研究 ［D］. 北京：中共中央党

校，2011.

[161] 财政科学研究所课题组. 中国促进低碳经济发展的财政政策研究 [J]. 财贸经济，2011（10）：11-16.

[162] 盛丽颖. 中国碳减排财政政策实施的可行性分析 [J]. 财会研究，2011（13）：13-15.

[163] 甘行琼，李菁宇. 我国促进碳减排税收对策的思考 [J]. 财税纵横，2011（6）：66-68.

[164] 潘家华，陈洪波，禹湘. 低碳融资的机制与政策 [M]. 北京：社会科学文献出版社，2012.

[165] 赵春，崔智翔. 我国碳捕获与封存（CCS）项目开展面临的问题及建议 [J]. 科苑观察，2010（8）：46-47.

[166] 绿色煤电有限公司. 挑战全球气候变化——二氧化碳捕集与封存 [M]. 北京：中国水利水电出版社，2008.

[167] 蓝虹. 碳金融与业务创新 [M]. 北京：中国金融出版社，2012.

[168] 郁洪良. 金融期权与实物期权——比较和应用 [M]. 上海：上海财经大学出版社，2003.

[169] 胡宏伟. 实物期权理论分析与应用 [J]. 财会通讯，2008（5）：78-82.

[170] 马义飞，张瑞莲. 实物期权在油气储量价值评估中的应用 [J]. 中国矿业，2002，11（5）：16-21.

# 附　录

## 附录1　我国制定的与 CCUS 相关的规定

从 2005 年 12 月我国签署第一份 CCS 备忘录开始，我国先后制定发布了一系列重大战略文件指明 CCUS 的发展方向和技术发展路径。我国政府制定的与 CCUS 相关的政策规定见表 1。

表 1　　　　　　　　　我国制定的与 CCUS 相关的规定

| 时间 | CCUS 相关政策规定 |
|---|---|
| 2005 年 12 月 | 我国科技部签署一项 CCS 备忘录，标志着中国政府研究 CCS 计划的正式开始 |
| 2006 年 2 月 | 国务院发布的《国家中长期科学和技术发展规划纲要（2006—2020 年）》中把"开发高效、清洁和 $CO_2$ 近零排放的化石能源开发利用技术"列入先进能源领域的重点研究内容 |
| 2007 年 6 月 | 国务院发布《中国应对气候变化国家方案》，这是发展中国家颁布的第一部应对气候变化的国家方案。方案提出"大力开发 $CO_2$ 捕获及利用、封存技术等"，把发展 CCUS 列入温室气体减排的重点领域 |
| 2007 年 6 月 | 国家科技部联合国家发展和改革委员会、外交部等 14 个部门发布《中国应对气候变化科技专项行动》，把碳捕捉与封存技术作为控制温室气体排放和减缓气候变化的重点技术被列入专项行动的 4 个主要活动领域之一 |
| 2008 年 10 月 | 国务院新闻办发布《中国应对气候变化的政策与行动》白皮书，指出"中国已确定将重点研究的减缓温室气体排放技术包括 $CO_2$ 捕集、利用与封存技术" |

表1(续)

| 时间 | CCUS 相关政策规定 |
|---|---|
| 2011 年 7 月 | 科学技术部会同国家发展和改革委员会等有关单位,联合发布《国家"十二五"科学和技术发展规划》,在该规划的发展目标中明确指出,"将在发电与输配电技术领域内掌握火电机组大容量 $CO_2$ 捕集技术" |
| 2011 年 9 月 | 科学技术部社会发展科技司和中国 21 世纪议程管理中心完成《中国碳捕集、利用与封存技术发展路线图》研究报告。该路线图明确了中国发展 CCUS 技术的定位、发展目标、研究重点和示范部署策略,较为系统地评估了我国 CCUS 技术的发展现状,提出了中国 CCUS 技术发展的愿景与未来 20 年的技术发展目标和各阶段应优先开展的研发与示范行动,并对中国全流程 CCUS 示范部署、研发与示范技术政策和产业化政策研究等提出了建议 |
| 2011 年 12 月 | 国务院以国发〔2011〕41 号印发《"十二五"控制温室气体排放工作方案》,提出了到 2015 年全国单位国内生产总值二氧化碳排放比 2010 年下降 17%的目标。要"在火电、煤化工、水泥和钢铁行业中开展碳捕集试验项目,建设二氧化碳捕集、驱油、封存一体化示范工程" |
| 2013 年 2 月 | 科技部印发《"十二五"国家碳捕集利用与封存科技发展专项规划》指明 CCUS 技术发展的方向和重点,"全面推进我国二氧化碳捕集、利用与封存技术的研发与示范" |
| 2013 年 4 月 | 国家发展改革委发布《国家发展改革委关于推动碳捕集、利用和封存试验示范的通知》提出通过开展试验示范的方式,用实践的途径来解决 CCUS 技术发展中存在的各种问题,推动 CCUS 的健康有序发展 |
| 2014 年 9 月 | 国家发展改革委印发《国家应对气候变化规划(2014—2020年)》,提出到 2020 年应对气候变化工作的主要目标,指明"推广一批具有良好减排效果的低碳技术和产品,实施一批碳捕集、利用和封存示范项目" |
| 2016 年 6 月 | 环境保护部印发《二氧化碳捕集、利用与封存环境风险评估技术指南(试行)》,规定了 CCUS 项目环境风险评估的原则、内容和框架性的程序、方法和要求等 |
| 2016 年 8 月 | 国务院印发《"十三五"国家科技创新规划》,面向 2030 年部署了一批体现国家战略意图的重大科技项目,把碳捕集利用与封存等核心关键技术列为科技创新 2030 重大项目和要发展的清洁高效能源技术 |

表1(续)

| 时间 | CCUS 相关政策规定 |
|---|---|
| 2016 年 11 月 | 国务院印发《"十三五"控制温室气体排放工作方案》，把低碳发展作为我国经济社会发展的重大战略和生态文明建设的重要途径，对有效控制温室气体排放进行部署。方案提出"在煤基行业和油气开采行业开展碳捕集、利用和封存的规模化产业示范，控制煤化工等行业碳排放""推进工业领域碳捕集、利用和封存试点示范，并做好环境风险评价" |
| 2017 年 4 月 | 科技部、环保部、气象局联合印发《"十三五"应对气候变化科技创新专项规划》，提出了"CCUS 技术的关键设备、核心工艺等仍然依靠进口，技术综合集成、产业化与技术转移推广能力不足"的问题，规划了应对气候变化科技创新的技术目标，指出"突破 5～10 项重点行业温室气体减排技术、生态系统固碳增汇技术和大规模低成本碳捕集、利用与封存（CCUS）关键技术，增强我国低碳产业的国际竞争力，支撑 2020 年 40%～45%碳强度降低目标、2030 年左右排放峰值与 60%～65%碳强度降低目标的实现" |

# 附录 2　CCUS 行业现行税收情况

我国目前参与 CCUS 建设项目的企业所需缴纳的税种主要有资源税、企业所得税、增值税、消费税（见表 2）。

表 2　　　　　　　　　　　　　CCUS 行业现行相关税种

| 税种 | 内容描述 |
|---|---|
| 资源税 | 资源税以自然资源为课税对象，是为了调节资源级差收入并体现国有资源有偿使用而征收的一种税，采取"普遍征收，级差调节"的原则。我国于 1984 年开始征收，2011 年 11 月扩大了征收范围，由过去的煤炭、石油、天然气、铁矿石少数几种资源扩大到原油、天然气、煤炭、其他非金属矿原矿、黑色金属矿原矿、有色金属矿原矿和盐等七种。税率幅度：原油：销售额的 5%～10%；天然气：销售额的 5%～10%；煤炭：焦煤 8～20 元/吨，其他煤炭 0.3～5 元/吨；其他非金属矿原矿 0.50～20.00 元/吨；黑色金属矿原矿 2.00～30.00 元/吨；有色金属矿原矿 0.40～30.00 元/吨；盐：固体盐 10.00～60.00 元/吨，液体盐 2.00～10.00 元/吨<br><br>2016 年 7 月我国全面推进资源税改革，将水、森林、草场、滩涂等自然资源纳入征税范围。在河北省首先开展水资源税改革试点，采取水资源费改税方式，将地表水和地下水纳入征税范围，实行从量定额计征。实施矿产资源税从价计征改革，在煤炭、原油、天然气等实施从价计征改革基础上，对其他矿产资源全面实施改革。资源税的计税依据为应税产品的销售额或销售量。税率幅度：原油：销售额的 5%～10%；天然气：销售额的 5%～10%；煤炭：焦煤 8～20 元/吨，其他煤炭 0.3～5 元/吨；其他非金属矿原矿：普通非金属矿原矿 0.50～20.00 元/吨（立方米），贵重非金属矿原矿 0.50～20.00 元/吨（立方米）；黑色金属矿原矿 2.00～30.00 元/吨；有色金属矿原矿：稀土矿 0.40～60.00 元/吨，其他有色金属矿原矿 0.40～30.00 元/吨；盐：固体盐 10.00～60.00 元/吨，液体盐 2.00～10.00 元/吨<br><br>2017 年 11 月，财政部、税务总局、水利部印发《扩大水资源税改革试点实施办法》，《办法》规定从 12 月 1 日起在北京、天津、山西、内蒙古、山东、河南、四川、陕西、宁夏等 9 个省（自治区、直辖市）扩大水资源税改革试点 |

表2（续）

| 税种 | 内容描述 |
|------|----------|
| 企业所得税 | 企业所得税是指对中华人民共和国境内的企业（居民企业及非居民企业）和其他取得收入的组织以其生产经营所得为课税对象所征收的一种所得税。纳税人取得的所得。包括销售货物所得、提供劳务所得、转让财产所得、股息红利所得、利息所得、租金所得、特许权使用费所得、接受捐赠所得和其他所得。企业所得税率为25% |
| 增值税 | 增值税是对销售货物或者提供加工、修理修配劳务以及进口货物的单位和个人就其实现的增值额征收的一个税种。增值税的收入占中国全部税收的60%以上，是最大的税种。计税采取税款抵扣的办法。税率有：销售货物或者提供加工、修理修配劳务以及进口货物、提供有形动产租赁服务17%，粮食、自来水、图书、农产品等13%，交通运输业11%，现代服务业服务6%，出口货物等特殊业务0%<br>2018年3月，国务院常务会决定：从2018年5月1日起，将制造业等行业增值税税率从17%降至16%，将交通运输、建筑、基础电信服务等行业及农产品等货物的增值税税率从11%降至10% |
| 消费税 | 消费税是把消费品的流转额作为课税对象，是政府向消费品征收的税项，可从批发商或零售商征收，是典型的间接税。实行价内税，只在应税消费品的生产、委托加工和进口环节缴纳，在以后的批发、零售等环节不用再缴纳，但税款最终由消费者承担。税率根据课税对象在比例税率和定额税率两种形式中来选择。消费税共设置了25个征税项目，实行比例税率的有21个，实行定额税率的有4个，共有13个档次的税率，最低3%，最高56% |

# 附录 3  企业 CCUS 投资决策的实物期权分析

CCUS 早期公共财政政策的制定是在我国中央政府的主导下运行的，政策设计与执行的主体是政府。随着 CCUS 的日益成熟，在该技术进入发展的中期阶段以后，CCUS 的运营模式由政府主导向商业化运作方向转变，市场将发挥越来越重要的作用，政府财政支持力度会逐渐减退，私人资本的占有份额逐步增大。此时，对于一个准备进入 CCUS 领域的企业来说，是否进行投资决策的关键在于对即将进行项目的整体价值评价：如果估算的价值大于投资成本，则说明项目可行，企业做出进行投资的决策；如果估算的价值小于投资成本，说明此时实施项目不可行，企业会做出不投资的决策。对采用什么样的方法构建怎样的价值评价模型，做以下思考：

（1）实物期权法的运用。

由于 CCUS 投资具有明显的阶段性，较强的资产专有性、高风险性，且投资具有不可逆性与可推迟性，在进行项目投资决策过程中采用项目价值评价方法时可以考虑引入实物期权法来建立价值评价模型。

实物期权法作为一种投资思路和评价方法，为投资者提供了在投资行为出现不可逆性和可推迟性时的决策方案，能让投资者根据外部经营环境的变化及时分析并调整自己的投资规模、投资时机以及投资领域，提高了投资决策的灵活性。

将实物期权法引入 CCUS 项目价值评价的原因在于：①实物期权把不确定性看成是积极因素，认为项目的不确定性越大，可能获得的投资收益也会越多。CCUS 项目最大的特点恰恰就是风险大、不确定性大。运用实物期权法来评价 CCUS 项目的价值能有效地规避了风险。②实物期权法要求的信息量少，不需要对每个变量都做出假设，这就消除了 CCUS 项目不同的建设时期与运行时机对评价结果的影响。③实物期权法运用于投资具有灵活性的情况。CCUS 投资者可以通过适时地分析外部经营环境，根据分析结果及时调整投资行为，规避因不确定性可能带来的损失。

综合上述分析，运用实物期权法，CCUS 的价值就包括两部分内容：一是不考虑实物期权因素的存在，由 $CO_2$ 捕捉的价值、$CO_2$ 运输的价值、$CO_2$ 封存的价值、$CO_2$ 再利用的价值构成的 CCUS 项目的固有内在价值，这部分价值就是本书第五章价值估算中计算出的价值；二是由这四个环节中不同的风险组合在一起体现的 CCUS 的期权价值，这部分期权价值可以运用 Black-Scholes 期权定价模型进行转换计算得到。具体公式如下：

$$C = AN(d_1) - Xe^{-rT}N(d_2)$$

$$d_1 = \frac{I_n(A/X) + T(r + \sigma^2)}{\sigma\sqrt{T}}, \qquad d_2 = d_1 - \sigma\sqrt{T}$$

其中：

$N(d)$ ——标准正态分布的累积概率分布函数，$N(d_1)$、$N(d_2)$ 分别是标准正态分布在 $d_1$、$d_2$ 处的值；

$e$ ——自然对数的底。

在此期权定价模型中，影响 CCUS 项目风险特性产生的期权价值（C）的因素有：项目标的物的现实价格（A）、项目开发投资成本（X）、项目到期时间（T）、项目标的物的价格波动率（$\sigma$）和无风险利率（r）[1]。

（2）期权价值的确定。

在现实操作中，为了长期推动 CCUS 项目的发展，投资者可以根据政策、市场的等各种条件的变化情况，在看到事情的发展趋势后最适当的时机进行项目是否投资与何时投资的重大决策。具体来说，决策权利包括等待一段时间后进行投资、放弃投资、增加投资或改进投资方式等。比如：决策者看到情况向好的方向发展，就继续进行项目投资，或者增加投资；但如果看到情况向不好的方向发展，就应该改变决策，选择放弃投资或者是减少投资。综合来说，CCUS 项目的投资过程主要存在三种期权选择权类型：推迟开发的期权、扩大开发的期权、放弃开发的期权[2]。针对这些期权类型，使用实物期权法来具体评估某 CCUS 项目的价值。

不同的期权，公式的具体运用不同。推迟开发的期权公式为：

$$C = Ae^{-yT}N(d_1) - Xe^{-rT}N(d_2)$$

这里权利独享期为 $n$ 年，项目推迟开发的年成本为：$y = 1/n$。

扩大开发的期权公式为：

$$C = AN(d_1) - Xe^{-rT}N(d_2)$$

放弃开发的期权公式为：

$$C = Ae^{-yT}[N(d_1) - 1] - Xe^{-rT}[N(d_2) - 1]$$

---

[1] 胡宏伟. 实物期权理论分析与应用 [J]. 财会通讯, 2008（5）：78-82.

[2] 马义飞，张瑞莲. 实物期权在油气储量价值评估中的应用 [J]. 中国矿业, 2002, 11（5）：16-21.

（3）应用实例分析。

引用文中应用实例的案例，假设此项目的投资主体是中国石化集团。由于此项目需要的资金金额较大，石化集团出现资金筹备不足的情况，因此投资方打算先筹集资金，在两年后再投入成本运行项目。针对此情况，可知项目存在一个推迟开发的期权。根据中国石化股份有限公司的股价波动情况，假设它的年波动率 $\sigma = 15.25\%$，无风险利率 r 取 6%，开发投资成本 $X = 450 \times 10^6$。根据前面的计算可知，项目的现值 $A = 436 \times 10^6$，到期时间 $T = 20$，$y = 1/20 = 0.05$。代入公式，计算如下：

$$d_1 = \frac{In(436 \times 10^6/450 \times 10^6) + 20(0.06 + 0.153^2)}{0.153 \times \sqrt{20}}$$

$$= \frac{In(0.968) + 1.66}{0.153 \times \sqrt{20}}$$

$$= \frac{1.628}{0.684}$$

$$= 2.38$$

$$d_2 = 2.38 - 0.153\sqrt{20} = 1.70$$

根据推迟开发的期权模型，查正态概率分布表得到 $N(d_1)$、$N(d_2)$，分别代入公式得到项目推迟开发的看涨期权价值是：

$$C = 436 \times 10^6 \times e^{-0.05 \times 20} \times N(2.38) - 450 \times 10^6 \times e^{-0.06 \times 20} \times N(1.70)$$

$$= 436 \times 10^6 \times 0.368 \times 0.983 - 450 \times 10^6 \times 0.301 \times 0.911$$

$$= 34\ 325\ 434$$

汇总项目的内在价值和推迟开放产生的期权价值即可得到该 CCUS 项目的价值为：

$$436 \times 10^6 + 34\ 325\ 434 = 470\ 325\ 434\ （元）$$

由于两年后项目的最后价值>项目预计投入的成本，所以投资方做出了两年后进行投资的决策方案。

# 后　记

　　从博士学习阶段开始，我一直关注 CCUS 的发展。CCUS 是应对全球气候变化，能更有效地实现低碳循环发展和环境治理的双重目标的技术，对于实现大规模减排意义重大。目前 CCUS 在我国处于早期发展阶段，面临需要资金的大量投入和投入资金严重不足的矛盾，急需公共财政的强力介入和大力支持。在此情景下，为了缓解资金瓶颈，解决 CCUS 发展的资金方面的后顾之忧，本书对我国 CCUS 早期发展的公共财政政策进行了研究。

　　书中通过八个章节的分析研究，针对现阶段我国公共财政支持 CCUS 发展中出现的问题，借鉴国外 CCUS 公共财政政策的先进经验，把 CCUS 的价值估算置于公共财政大体系中构建 CCUS 项目的价值估算模型；并在此前提下，研究设计促进我国 CCUS 发展的公共财政政策，构建相应的政策支持体系，期望为我国制定促进 CCUS 技术发展的公共财政政策提供参考。

　　本书是在我的博士毕业论文基础上修改完成的。从博士毕业论文的写作到本书稿的完成，要首先感谢我的博士生导师——西南财经大学幸强国教授。幸老师敏捷的思维、精湛的学术造诣、和蔼待人的人格魅力和热爱生活的人生态度值得我终生学习。本研究的写作、修改、最后定稿都是在幸老师悉心指导和帮助下完成的，文中无处不凝聚着导师的心血与汗水。我还要特别感谢我的硕士生导师——成都理工大学匡建超教授，是匡老师引领我步入学术研究的殿堂，传授我研究方法，培养我的研究能力。匡老师不光在硕士学习阶段指导我，在我硕士以后的人生道路中也一步一步指引我。他严谨的治学态度、博学的知识、独到的视角和新颖的观点让我终身受益。本书的选题也是来自匡老师的启发，恩师的教诲如一盏明灯照亮我前进的道路。

　　感谢西南财经大学尹庆双教授、章群教授、申晓梅教授、任勤教授对本研究提出的修改意见和在我写作过程中给予的指导，感谢他们在我博士就读期间给予我的教导，感激他们一直以来在我成长道路中对我的鼓励与帮助；感谢西南财经大学张明教授、姜博副教授、黄硕副教授对文稿修改提出的宝贵意见；感谢我的朋友西南财经大学李丁副教授、曾之光老师和成都理工大学王众老师在我研究过程中遇到阻力时帮助我打开思路；感谢西南财经大学喻进书记、郑斌副书记、侯荔江副教授、刘红副教授、徐程教授、袁胜军副教授对我的指导；感谢我的朋友钟慧副教授、彭涛老师等公共管理学院同事对我的关心、帮助和工作上的大力支持，我将永远珍惜我们这段真挚的情谊。

感谢在硕博阶段经历的苦与乐！那段日子，有追求、有失落、有收获、有艰辛，磨炼了意志、锻炼了毅力、开阔了眼界、充实了人生。如今想起，正是那段岁月的洗礼，塑造了我坚韧刚毅的人生品格和迎难而上的积极心态；也正是那段艰苦的岁月，成就了我较为严谨的逻辑思维和比较扎实的写作功底。感谢那段磨炼带给我的收获，那份有苦有甜的回忆将是我人生中最难忘的风景。

感谢默默支持我的父母和家人！感谢我可爱女儿的陪伴与鼓励！感谢一路走来遇到的爱与温暖！

本书的出版得到了西南财经大学出版社的大力支持，尤其是本书的编辑——廖韧老师，为本书付出了很多的努力，在此表示深深的谢意！

书中难免有纰漏之处，敬请广大读者批评指正！

张华静

2018 年 11 月于成都